I0896051

LAS RELIGIONES DEL MUNDO

A TU ALCANCE

Paul Carden, editor general

PATMOS

Las religiones del mundo, a tu alcance

Publicado por Editorial Patmos
Miami, FL 33166

Publicado originalmente en inglés por Rose Publishing, LLC, 140 Summit Street, Peabody, Massachusetts 01961-3473, USA, con el título *World Religions Made Easy*.

Editor general: Paul Carden

Los editores agradecen las contribuciones editoriales de los siguientes autores e investigadores: Mark Albrecht, Brooks Alexander, James Bjornstad, Robert M. Bowman Jr., Christy Darlington, Bruce Green, Timothy Paul Jones, John Kennah, Tim Martin, Bill McKeever, Marcia Montenegro, Eric Pement, H. L. Richard, James Stephens, András Szalai y J. Isamu Yamamoto.

Diseño de portada e interior por Cristalle Kishi
Adaptación al español por Adrián Romano

Fotos proporcionadas por Shutterstock.com; Foto del Libro de las sombras por Midnightblueowl de la Wikipedia en inglés

Traducido y editado por Grupo Scribere

ISBN: 978-1-58802-948-5

Impreso en Brasil | *Printed in Brazil*

CONTENIDO

CRISTIANISMO BÍBLICO

PERSONA CLAVE / FUNDADOR, FECHA, UBICACIÓN

Jesucristo. Fundada alrededor del 30-33 d.C., en Judea (actual Israel), bajo el Imperio romano. A los seguidores de Jesucristo se les conoce como cristianos.

¿QUIÉN ES DIOS?

El único Dios es Trino (Dios en tres personas, no tres dioses): El Padre, El Hijo y El Espíritu Santo. Dios es un ser espiritual, sin cuerpo físico. Es personal e interactúa con los individuos. Creó el universo de la nada. Es eterno, inmutable, santo, amoroso y perfecto. El título «Dios» se usa frecuentemente para designar a Dios el Padre, la primera persona de la Trinidad.

¿QUIÉN ES JESÚS?

Jesús es Dios, la segunda persona de la Trinidad. Como Dios el Hijo, nunca fue creado y ha existido desde siempre. Es completamente Dios y completamente hombre (las dos naturalezas unidas, no mezcladas). Es igual a Dios el Padre y al Espíritu Santo. Al convertirse en hombre (La encarnación), fue engendrado por el Espíritu Santo y nacido de la Virgen María.

Jesús es el único camino al Padre, a la salvación y a la vida eterna. Murió en una cruz de acuerdo al plan de Dios como total sacrificio y pago por nuestros pecados. Se levantó de los muertos al tercer día, espiritual y físicamente inmortal. Durante los siguientes 40 días fue visto por más de 500 testigos presenciales. Sus heridas eran tangibles, y comía. Ascendió al cielo en forma corporal. Regresará de manera visible y física al final de los tiempos para establecer el reino de Dios y juzgar al mundo.

Escritos principales

La Santa Biblia, dividida en:

- El Antiguo Testamento: 39 libros escritos principalmente en hebreo y arameo
- El Nuevo Testamento: 27 libros escritos en griego

¿QUIÉN ES EL ESPÍRITU SANTO?

El Espíritu Santo es Dios, la tercera persona de la Trinidad. El Espíritu Santo es una persona, no una fuerza ni un campo de energía. Él consuela, se entristece, reprende, condena, guía, enseña y llena a los cristianos. No es el Padre, ni es el Hijo (Jesucristo).

CÓMO SER SALVO

La salvación es por la gracia de Dios, no se obtiene por buenas obras. Debe recibirse por fe; es decir, las personas deben confiar sinceramente en que Jesús murió para pagar por sus pecados y que se levantó de nuevo físicamente, algo que les asegura a los creyentes el perdón y la resurrección del cuerpo. Este es el plan amoroso de Dios para perdonar a los pecadores.

Celebraciones principales

- La Pascua, que conmemora la resurrección de Jesús (anual; las fechas varían)
- La Navidad, que conmemora el nacimiento de Jesús (anual; 25 de diciembre)

¿QUÉ PASA DESPUÉS DE LA MUERTE?

Los creyentes van a estar con Jesús; allí esperan el juicio final. Dios resucitará tanto a las personas salvas como a las perdidas. Los salvos vivirán para siempre con Jesús en el cielo. Los perdidos sufrirán el tormento de la separación eterna de Dios (infierno). La resurrección corporal de Jesús les garantiza a los creyentes que ellos también serán resucitados y recibirán cuerpos nuevos e inmortales.

OTROS HECHOS, CREENCIAS O PRÁCTICAS

Culto en grupo, se celebra generalmente en las iglesias. No hay doctrinas ni ritos secretos. El bautismo y la Santa Cena (Comunión). Activos esfuerzos misioneros voluntarios. Ayuda a los necesitados: los pobres, las viudas, los huérfanos y los oprimidos.

Los cristianos creen que Jesús es el Mesías prometido a Israel en el Antiguo Testamento (*Tanaj*). Jesús dijo que a Sus seguidores se les conocería por su amor mutuo. Las enseñanzas básicas se resumen en las antiguas aseveraciones de la creencia cristiana, en especial en los credos de los apóstoles, el Credo Niceno, el Credo de Atanasio (Credo Atanasiano) y el Concilio de Calcedonia.

EL CREDO DE LOS APÓSTOLES

Creo en Dios, Padre Todopoderoso,
Creador del cielo y de la tierra.
Creo en Jesucristo, su único Hijo, Nuestro Señor;
Que fue concebido por obra y gracia del Espíritu Santo,
nació de Santa María Virgen,
padeció bajo el poder de Poncio Pilato,
fue crucificado, muerto y sepultado,
descendió a los infiernos,
al tercer día resucitó de entre los muertos,
subió a los cielos y está sentado a la derecha de Dios, Padre todopoderoso.
Desde allí ha de venir a juzgar a vivos y muertos.
Creo en el Espíritu Santo, la santa Iglesia católica,
la comunión de los santos, el perdón de los pecados,
la resurrección de la carne y la vida eterna. Amén.

Ramas principales

El catolicismo romano: la iglesia mundial que gobierna el Papa (también llamado el obispo de Roma) desde la ciudad del vaticano, la santa sede.

La ortodoxia oriental: las iglesias nacionales (armenias, griegas, rusas, entre otras) las gobiernan los obispos locales bajo la dirección de los patriarcas. El patriarca ecuménico de Constantinopla (Estambul, Turquía) posee los más altos honores.

El protestantismo: no posee organizaciones ni liderazgo centralizados; las denominaciones litúrgicas incluyen las iglesias luteranas, anglicanas y presbiterianas; las denominaciones no litúrgicas incluyen las iglesias bautistas, congregacionales y pentecostales.

TESTIGOS DE JEHOVÁ (LA SOCIEDAD WATCHTOWER)

PERSONA CLAVE / FUNDADOR, FECHA, UBICACIÓN

Charles Taze Russell (1852-1916); su sucesor como presidente fue Joseph F. Rutherford (1869-1942). Comenzó en 1879 en Pittsburgh, Pensilvania. Sede central en Warwick, Nueva York.

Escritos principales

Todas las publicaciones actuales de la Torre del Vigía, incluidas:

- La Biblia (solo la *Traducción del Nuevo Mundo*)
- *¿Qué nos enseña la Biblia?*
- *Cómo permanecer en el amor de Dios*
- Las revistas *La Atalaya* y *¡Despertad!*

¿QUIÉN ES DIOS?

Los testigos creen en un Dios que es una sola persona, llamado Jehová. No una Trinidad. Jesús es la primera creación de Jehová. Llamar a Dios por Su nombre personal, «Jehová», es de suma importancia. Los verdaderos seguidores de Dios se identifican por usar el nombre «Jehová» en sus oraciones, cantos congregacionales, predicaciones y estudios bíblicos. (Muchos testigos creen que, si no se invoca a «Jehová» en la oración, esta puede dirigirse a algún otro «dios»).

¿QUIÉN ES JESÚS?

Los testigos afirman que Jesús no es Dios. Para ellos, el Padre (Jehová) y Su Hijo (Jesús) son dos «dioses» separados: Jesús es un «dios» inferior al servicio de Jehová, que es el «único Dios verdadero».

Antes de vivir en la tierra, Jesús era el arcángel Miguel. Fue el primer ser creado y Jehová hizo el universo a través de él. Cuando Jesús vino a la tierra, dejó de existir como Miguel y se convirtió en un humano perfecto, solo eso. Después de que Jesús murió en un madero de tormento (no en una cruz), Dios, mediante Su poder, «eliminó» Su cuerpo humano; resucitó espiritualmente (no corporalmente) de entre los muertos como el «Jesucristo resucitado».

Como los ángeles son invisibles, Jesús fabricó cuerpos físicos parecidos a Su cuerpo original para convencer a Sus discípulos de que se había levantado de entre los muertos. Desde 1914, cuando comenzó la «presencia invisible» de Jesús en la tierra, Él ha estado reinando desde el cielo, a la espera de la batalla de Armagedón en la que librará a la tierra de los gobiernos humanos y establecerá el «Paraíso» bajo «el acuerdo de gobierno del reino de Jehová».

Una interpretación errónea de la Trinidad

La Sociedad Atalaya erróneamente afirma que la doctrina cristiana de las personas en un solo Dios es un concepto pagano comparable a los «dioses» de la mitología babilónica y egipcia. También dice que no existe ninguna base en la Escritura ni en la historia de la iglesia antigua para la Trinidad, y ha manipulado las traducciones de la Biblia para apoyar su posición.

¿QUIÉN ES EL ESPÍRITU SANTO?

Los testigos no creen que el «Espíritu Santo» es Dios; para ellos es solo una fuerza impersonal, invisible y activa: la «energía» que Jehová proyecta para cumplir Su voluntad.

La apostasía y la restauración

Los testigos de Jehová afirman que el cristianismo cayó en una apostasía general (abandono de la fe) bajo el emperador Constantino en el siglo IV d.C. Dios designó a Charles Taze Russell para restaurar la adoración pura en los últimos días y establecer La Sociedad Atalaya para proporcionar verdad espiritual a través de publicaciones como *La Atalaya* y *¡Despertad!*

Charles Taze Russell

CÓMO SER SALVO

Recibir el bautismo como testigo de Jehová. La mayoría de los seguidores deben ganar la vida eterna en la tierra mediante la «obra puerta por puerta». La salvación en el cielo se limita a 144.000 «ungidos», número que ya se ha alcanzado.

Más requisitos de salvación

Jesús murió como un «sacrificio de rescate» para comprar lo que Adán perdió: el derecho a la vida perfecta en este mundo. La mayoría de los testigos esperan ser dignos de ser «salvados» de la destrucción en la futura batalla de Armagedón y sobrevivir en el nuevo sistema de gobierno terrenal de Dios, cuando Él restaure el «paraíso» en la tierra. Los cuatro requisitos para la salvación son:

- Conocer a Jehová Dios y a Jesucristo

- Obedecer las leyes de Dios y practicar en vida los requisitos morales establecidos en la Biblia
- Pertenecer y servir en La Sociedad Atalaya, único canal y organización verdaderos de Dios
- Ser leal a la organización de Dios

La salvación se gana a través de una combinación de fe y buenas obras. Los verdaderos cristianos no pueden tener la seguridad de la vida eterna. Deben obrar hacia la perfección a lo largo de esta vida, y luego durante los 1000 años del reinado de Cristo en la tierra. Después, deben pasar la prueba final de Satanás (en la que este es liberado del abismo para tentar a todos los testigos fieles por última vez) antes de que Dios les conceda vida eterna. Si fallan en algún punto, pudieran sufrir la aniquilación (destrucción eterna).

Registro de profecías falsas

Jesús predijo la venida de profetas que engañarían a muchos al anunciar falsamente su regreso (Mateo 24:23-34). La Sociedad Atalaya cumple los criterios de un falso profeta. Señalaron por primera vez el año 1874 como la fecha en que comenzó la presencia invisible de Cristo y hoy enseña que fue en 1914. Ha predicho repetidamente el fin de la era: 1914, 1915, 1918, 1925, 1940 y 1975. Aunque exige una devoción absoluta a sus enseñanzas y proclama que solo ella tiene «la Verdad», La Sociedad Atalaya ha revertido una gran cantidad de otras doctrinas.

OTROS HECHOS, CREENCIAS O PRÁCTICAS

También conocida como la Asociación Internacional de Estudiantes de la Biblia. Los Testigos de Jehová se reúnen en «Salones del reino» en lugar de iglesias. Los miembros activos («editores») hacen proselitismo puerta por puerta. Una vez al año, los miembros celebran el Memorial de la muerte de Jesús, La Santa Cena (Comunión); solo los «ungidos» pueden participar. Los testigos tienen prohibido votar, saludar a la bandera, servir en el servicio militar, aceptar transfusiones de sangre o celebrar días festivos y cumpleaños. También rechazan el símbolo de la cruz.

No se permite el «pensamiento independiente»

Dios no le ofrece la verdad espiritual al pueblo individualmente, sino solo a través de su canal ordenado (La Sociedad Atalaya). Por lo tanto, los Testigos de Jehová deben aceptar la interpretación de las Escrituras de La Sociedad Atalaya antes que sus ideas y análisis personales. El «pensamiento independiente» es peligroso. Cualquier miembro que desafíe las doctrinas actuales de La Sociedad Atalaya será tildado de orgulloso y «espiritualmente débil» y deberá enfrentar el rechazo de los demás miembros, incluidos sus familiares cercanos.

Dos clases de cristianos

Según La Sociedad Atalaya, Jehová eligió a 144.000 personas que vivieron entre el día de Pentecostés (c. 30 d.C.) y 1935 para gobernar con Él en el cielo como espíritus. Se les llama la «clase ungida», «el pequeño rebaño» o la «clase celestial». Desde 1935, cada vez que los miembros del pequeño rebaño se alejan de la verdadera fe, Dios los reemplaza por otros testigos de Jehová. A partir de 1935, todos los testigos que obedecen activamente a Jehová, junto con los de todas las épocas que nunca han oído hablar de Cristo, pero no fueron malos, son las «otras ovejas» o «la gran multitud».

Después de esa fecha, quienes obedecen activamente a Jehová, junto con los de todas las épocas que nunca han oído hablar de Cristo, pero no fueron malos, son las otras ovejas o la gran multitud. Esta última tendrá la oportunidad de vivir para siempre en el paraíso en la tierra. La clase celestial y la gran multitud permanecerán separadas por la eternidad; la «clase terrenal» nunca verá a Dios ni a Cristo.

Los privilegios del Nuevo Pacto son solo para los 144.000

La Sociedad Atalaya afirma que solo los miembros de su clase celestial son partícipes del nuevo pacto. Solo ellos tienen a Jesús como su mediador, «nacen de nuevo», son «adoptados» como hijos de Dios, son los miembros de la «congregación cristiana» (la iglesia), pueden participar de los «emblemas conmemorativos» de la última cena de Jesús una vez al año, y gobernarán la tierra desde el cielo.

MORMONISMO (LOS SANTOS DE LOS ÚLTIMOS DÍAS)

PERSONA CLAVE/FUNDADOR, FECHA, UBICACIÓN

Joseph Smith, Jr. (1805-1844) organizó lo que hoy es la Iglesia de Jesucristo de los Santos de los Últimos Días (SUD) en 1830, cerca de Rochester, Nueva York. Sede en Salt Lake City, Utah.

Joseph Smith, Jr.

¿QUIÉN ES DIOS?

No existe la Trinidad. Dios, nuestro Padre Celestial (también conocido como Elohim) fue un hombre, pero «progresó» hasta la divinidad. Posee un cuerpo de carne y hueso. La iglesia enseña que «así como el hombre es, Dios una vez fue. Así como Dios es, el hombre puede llegar a ser». Por lo tanto, los miembros dignos pueden aspirar a la divinidad.

Una interpretación errónea de la Trinidad

El mormonismo enseña que Dios el Padre, Jesucristo y el Espíritu Santo son tres dioses, aunque están unidos en un propósito como la única «Deidad». Esto es diferente a la doctrina cristiana de la Trinidad, en la que solo hay un verdadero Dios (Deut. 6:4) que existe eternamente en tres personas: el Padre, el Hijo y el Espíritu Santo. Los mormones también creen que, además de un Padre celestial, todos los seres humanos y espíritus tienen una Madre celestial, a pesar de que ni la Biblia ni ninguna escritura mormona lo afirman.

¿QUIÉN ES JESÚS?

Jesús es un ser aparte del Padre celestial. El Padre y la Madre celestial lo engendraron por primera vez como un hijo espiritual en el reino premortal. Él es el «hermano mayor» de todos los hombres y seres espirituales (incluido Lucifer). El cuerpo mortal de Jesús fue creado a través de la unión sexual entre el Padre celestial y María. Los primeros líderes mormones afirmaban que Jesús estaba casado. Su sufrimiento en Getsemaní y Su muerte en la cruz proporcionan la resurrección para todos, pero no la expiación completa de todos los pecados.

¿QUIÉN ES EL ESPÍRITU SANTO?

El Espíritu Santo es el tercer miembro de la divinidad mormona. Carece de un cuerpo de carne y huesos. Se le llama con frecuencia el Espíritu Santo, el Espíritu del Señor, el Espíritu de Dios y el Consolador. El «don del Espíritu Santo» solo puede entregarlo el sacerdocio mormón después de que la persona haya sido bautizada en la iglesia mormona.

Apostasía y restauración

Según el mormonismo, después de la muerte de los originales apóstoles de Jesús, la iglesia cristiana ha ido cayendo gradualmente en «la gran apostasía», un abandono completo y universal de los verdaderos principios cristianos. Aunque nadie sabe con exactitud cuándo sucedió esto, la doctrina cristiana se corrompió por completo y se perdió la autoridad necesaria para administrar ordenanzas clave como el bautismo y la Santa Cena (Comunión).

La restauración del verdadero cristianismo comenzó cuando el Padre celestial y Jesucristo se le aparecieron al joven Joseph Smith en la primavera de 1820. En esta «Primera visión», Jesús le dijo a Smith que todas las iglesias estaban equivocadas y que todos sus credos (declaraciones de creencias) eran una abominación. En 1830 Dios usó a Smith para organizar de nuevo Su verdadera iglesia.

CÓMO SER SALVO

Dios, por Su gracia, resucitará a todos los moradores de la tierra. A los mormones, exaltados a la divinidad, los salvará por la gracia más las obras (que incluyen la fidelidad a los líderes de la iglesia, el bautismo mormón, el diezmo, la ordenación, el matrimonio y los rituales del templo secreto). No hay vida eterna sin membresía mormona.

Más sobre la salvación

Para recibir el perdón de pecados, la «vida eterna», la exaltación y la

Escritos principales

- *Libro de Mormón*
- *Doctrina y convenios*
- *Perla de gran precio*
- La Biblia (se considera mucho menos confiable que las nuevas escrituras mormonas); se utiliza la versión Reina Valera, junto con extractos de la traducción «Inspirada» de Joseph Smith.
- Las enseñanzas autoritativas de los profetas mormones y otras «autoridades generales» de la Iglesia SUD.
- Las revistas *Ensign* y *Liahona*

divinidad, en el reino celestial donde mora el Padre celestial debemos vivir en obediencia a Sus mandamientos. Thomas Monson, primer presidente de la Iglesia SUD, declaró: «La gloria celestial es lo que buscamos; la presencia de Dios es donde deseamos morar; la familia eterna es aquella de la cual queremos formar parte. Tales bendiciones deben ganarse».

El Libro de Mormón enseña que la gracia de Cristo solo tiene efecto después de que el Santo de los Últimos Días se haya despojado a sí mismo «de toda impiedad». Aunque tanto el cristianismo bíblico como el mormonismo tienen un concepto de arrepentimiento, en el mormonismo esto significa un abandono total de todo pecado. El manual de Principios del Evangelio afirma: «A quienes reciben perdón por un pecado y vuelven a reincidir en él, se les considerará responsables por los pecados cometidos anteriormente». El pecado que no se supera le quita al mormón la seguridad de alcanzar la vida eterna en el reino celestial.

¿QUÉ PASA DESPUÉS DE LA MUERTE?

Después del juicio final, casi todos van a uno de los tres «reinos» celestiales separados (telestial, terrestre y celestial), y algunos logran la divinidad. El diablo y sus ángeles, más los «hijos de perdición» (los mormones que abandonaron la iglesia y lucharon en su contra a sabiendas de que era verdad), serán condenados a la «oscuridad exterior».

OTROS HECHOS, CREENCIAS O PRÁCTICAS

Rituales de «donaciones» de templos secretos y «matrimonios celestiales» disponibles solo para miembros con buena reputación, el bautismo por los muertos, el diezmo. La «Palabra de sabiduría» prohíbe el tabaco, el alcohol y las «bebidas calientes» como el café y el té. Se anima a los varones jóvenes a hacer un compromiso misionero de dos años y un año y medio para las mujeres. El plan de bienestar de la iglesia proporciona a los miembros necesitados y promueve la suficiencia económica. Existe un amplio programa genealógico. A los varones de ascendencia africana se les negaba el acceso al sacerdocio mormón y los privilegios completos del templo hasta 1978.

La poligamia

Era imprescindible al principio

Entre 1852 y 1890, la práctica de la poligamia se convirtió en algo esencial para todo mormón que deseaba alcanzar la exaltación. El profeta mormón Brigham Young (1801-1877) proclamó que «los únicos hombres que se convierten en dioses, incluso los hijos de Dios, son los que entran en la poligamia».

Brigham Young

Todavía es válida

Aunque era necesario que los líderes mormones, en lo formal, renunciaran a la poligamia en 1890, hoy en día los mormones viudos pueden ser «sellados» espiritualmente por la eternidad para tener más de una esposa. La iglesia enseña que el principio de la pluralidad de esposas continúa en vigor, y su práctica terrenal se retomará durante la segunda venida de Jesús y el principio del milenio.

El Libro de Mormón

Representación artística de las planchas de oro

El mormonismo afirma:
El Libro de Mormón es una traducción milagrosa de un documento antiguo. Por «el don y el poder de Dios», José Smith interpretó los caracteres «egipcios reformados» en las planchas de oro que el ángel Moroni le dio en 1827.

El Libro de Mormón refiere tres grupos de personas (lehitas, jareditas, mulekitas) que emigraron del Medio Oriente y habitaron los continentes americanos entre el 2000 a.C. y el 400 d.C.

Debes saber que:
La Iglesia SUD afirma que el Libro de Mormón es un documento antiguo. Sin embargo, a diferencia de la Biblia, este se publica sin mapas y no hay evidencia arqueológica que respalde sus exclusivas afirmaciones históricas. Además, su origen en el siglo XIX se aprecia por la forma en que cita y parafrasea los pasajes del Nuevo Testamento, y por cómo menciona asuntos controvertidos (como la masonería y el bautismo infantil), temas muy debatidos durante la vida de Smith.

CIENCIAS DE LA MENTE/ NUEVO PENSAMIENTO

PERSONA CLAVE/FUNDADOR, FECHA, UBICACIÓN

No existen fundadores. Los grupos más conocidos son la Ciencia cristiana, fundada por Mary Baker Eddy (1821-1910), sede de Boston, Massachusetts; y Unity, fundada por Charles (1854-1948) y Myrtle Fillmore (1845-1931), sede de Unity Village, Missouri.

ESCRITOS PRINCIPALES

Todos los grupos fueron influenciados por el autor metafísico P. P. Quimby (1802-1866) y son esencialmente gnósticos y panteístas. Por lo tanto, consideran que la Biblia es limitada e inferior, y que requiere interpretación espiritual a través de obras tales como:

- *Ciencia y salud con clave de las Escrituras,* de Mary Baker Eddy (1875)
- *Lecciones acerca de la Verdad,* de H. Emilie Cady (1896)
- *Metaphysical Bible Dictionary* [Diccionario bíblico metafísico], de Charles Fillmore (1931)

¿QUIÉN ES DIOS?

Ciencia cristiana: Dios es «Padre-Madre», un principio impersonal de la vida, la verdad, el amor, la inteligencia y el espíritu. Dios es lo único que realmente existe. La materia es una ilusión. **Unidad:** Dios es invisible, poder impersonal, intercambiable con «Principio», «Ley», «Ser», «Mente», «Espíritu». Dios está en todo, tanto como el alma está en el cuerpo. El espíritu es realidad; la materia no lo es.

¿QUIÉN ES JESÚS?

Ciencia cristiana: Jesús no era ni Dios ni Cristo («la idea divina»). Él no era «el camino» hacia la salvación, sino quien «mostraba el

camino». Jesús no murió en la cruz, no resucitó y no volverá.
Unidad: Jesús no era ni Cristo ni Dios, sino un hombre con «Conciencia crística». Jesús vivió muchas veces y buscó Su propia salvación. Él no murió como sacrificio por el pecado y no resucitó físicamente.

¿QUIÉN ES EL ESPÍRITU SANTO?

Ciencia cristiana: el «Espíritu santo» se redefine como «Ciencia divina». **Unidad:** El Espíritu Santo es la ley de Dios en acción, el «poder ejecutivo tanto del Padre como del Hijo», un pensamiento «definido» en la mente del ser humano.

LA SALVACIÓN Y LA VIDA DESPUÉS DE LA MUERTE

Ciencia cristiana: el hombre no peca; el pecado, el mal, la enfermedad y la muerte no son reales. La salvación consiste en ser «salvado del error» mediante la práctica de la Ciencia cristiana. El cielo y el infierno son estados de ánimo. No hay reencarnación. **Unidad:** La persona obra la salvación al reconocer que cada persona es tan Hijo de Dios como Jesús. No hay mal, ni diablo, ni pecado, ni pobreza, ni edad avanzada. La persona reencarna hasta que aprende dichas verdades y se convierte en «perfecto». Ni el cielo ni el infierno son literales.

Otros hechos, creencias o prácticas

Los cristianos científicos usan «especialistas» (curanderos profesionales que «tratan» supuestas enfermedades por una tarifa) en lugar de médicos. La curación se produce cuando la persona reconoce que en *realidad* no puede estar enferma o lastimada y que el cuerpo no se enferma, ni sufre dolor, ni muere.

La Ciencia cristiana posee miles de «salas de lectura» públicas para el estudio y la contemplación. La Unity es ampliamente conocida por su ministerio de oración «afirmativa» Silent Unity y su revista *La Palabra Diaria*. A diferencia de la Ciencia cristiana, Unity promueve ideas y autores orientales del ocultismo.

BRANHAMISMO

PERSONA CLAVE/FUNDADOR, FECHA, UBICACIÓN

El curandero y autoproclamado profeta estadounidense William Marrion Branham (1909-1965), «el mensajero de la era de la Iglesia de Laodicea» y «el profeta Elías». Los escritos y sermones de audio de Branham se traducen y se distribuyen en todo el mundo por grupos independientes de Branham, e incluyen Voice of God Recordings [Grabaciones la Voz de Dios] en Estados Unidos y Cloverdale Bibleway, en Canadá.

Escritos principales

La Biblia (versión Reina Valera), que solo puede entenderse apropiadamente a través de Branham. Fuerte dependencia en sermones de Branham meticulosamente transcritos y en libros de su autoría, como:

- *Una exposición de las siete edades de la iglesia* (1965)
- *La revelación de los siete sellos* (1967)
- *Conducta, Orden, Doctrina de la Iglesia* (1973-74), 2 volúmenes.
- *Huellas en las arenas del tiempo* (1975), 2 volúmenes.

¿QUIÉN ES DIOS?

La Trinidad es falsa, y los trinitarios creen en «tres dioses». Más bien, Dios es un ser eterno y todopoderoso que «ni siquiera era Dios» antes de hacer criaturas que lo adoraran.

JESÚS Y EL ESPÍRITU SANTO

Las enseñanzas de Branham sobre Jesús son confusas y, a menudo, contradictorias. Él identificó a Jesús con el Espíritu Santo (que salió de Dios como el «Logos»). Dios creó a Jesús como un humano sin pecado,

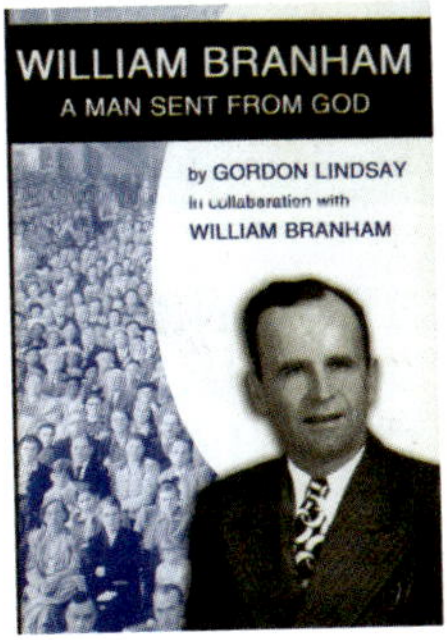

dentro de María, a fin de proporcionar una morada física para el Espíritu Santo, quien vino a morar en Jesús en Su bautizo y salió de Él en el huerto de Getsemaní (porque «tenía que morir como hombre»). Hoy Jesús habita los creyentes como el Espíritu Santo. Branham predijo que Jesús regresaría en 1977.

LA SALVACIÓN Y LA VIDA DESPUÉS DE LA MUERTE

Jesús murió por todos. Una persona es salva cuando tiene fe para ser salva y aceptar a Jesús como su salvador personal. La verdadera evidencia de que alguien tiene el Espíritu Santo es reconocer a Branham como la voz de Dios. La salvación se pierde al no aceptar a Jesús como salvador, o al perder la fe en la salvación personal. En el momento de la muerte, los «creyentes del mensaje» esperan en la «sexta dimensión» hasta el regreso de Jesús. Por ahora, los incrédulos que mueren van a algún lugar entre el cielo y la tierra. El infierno no es eterno; Satanás y los impíos sufrirán y serán aniquilados.

Otros hechos, creencias o prácticas

La iglesia branhamita usa diversos nombres. El término «Tabernáculo» es bastante común. Los símbolos incluyen el águila, la pirámide y una fotografía de 1950 en la que una «columna de fuego» aparece sobre la cabeza de Branham. La doctrina de la «Semilla de la serpiente» dice que la caída en Edén fue el resultado de la unión sexual entre Eva y la serpiente (a la que Satán había poseído); por la caída de Eva, las mujeres son la causa principal del pecado en el mundo.

LA IGLESIA DE DIOS SOCIEDAD MISIONERA MUNDIAL (IDSMM)

PERSONA CLAVE / FUNDADOR, FECHA, UBICACIÓN

Fundada por Ahnsahnghong, también conocido como Ahn Sahng-hong (1918-1985), considerado «nuestro Padre celestial Cristo Ahnsahnghong» y «el Cristo de la segunda venida». Los líderes actuales son Zahng Gil-ja («Madre celestial») y Kim Joo-cheol («pastor general»). Se estableció por primera vez en 1964 como la «Iglesia de Dios de los Testigos de Jesús». Su sede y el Templo de la Nueva Jerusalén se encuentran en Bundang, Corea del Sur.

¿QUIÉNES SON DIOS, JESÚS Y EL ESPÍRITU SANTO?

Aunque la IDSMM afirma creer en «la Santísima Trinidad», en realidad rechaza la doctrina cristiana histórica. En cambio, enseña una forma de la antigua herejía conocida como modalismo. Uno de los sitios web de la IDSMM afirma que «Dios juega tres papeles diferentes en la Trinidad y que tiene tres nombres y apariencias diferentes, aunque mantiene su naturaleza de Dios en cada papel».

El sitio agrega: «El nombre de Dios Padre es Jehová, el nombre de Dios Hijo es Jesús [...]. El nombre del Espíritu Santo es Ahnsahnghong».

Más aún, la IDSMM en realidad afirma que existen dos dioses porque enseñan que la palabra

Escritos principales

La Biblia, además de siete «Libros de la verdad» (seis escritos por Ahnsahnghong, uno de Kim Joo-cheol) y la revista mensual *Elohist* [Elohista]. La distribución de publicaciones «internas» de la IDSMM se controla estrictamente.

hebrea «Elohim», del Antiguo Testamento, se refiere a Dios el Padre y a una persona viva a la que llaman «Dios la Madre»: una coreana llamada Zahng Gil-ja (nacida en 1943). La reverencian como la «Jerusalén celestial» y «la novia de Cristo».

LA SALVACIÓN Y LA VIDA DESPUÉS DE LA MUERTE

Los humanos primero existieron como «ángeles» en el cielo, pero como lo explica otro sitio de la IDSMM, «traicionamos a Dios [...] y fuimos arrojados a la tierra». Los requisitos para la salvación y la vida eterna incluyen el bautismo, aceptar a la «Madre celestial», guardar el sábado y mantener la «Pascua del Nuevo Pacto» de la IDSMM. Después de la muerte, el alma de la persona «duerme» hasta la resurrección y el día del juicio. Los que no son salvos irán al infierno «un lugar de tormento eterno»; los salvados volverán a ser «ángeles en el cielo».

OTROS HECHOS, CREENCIAS O PRÁCTICAS

- El movimiento de Ahnsahnghong se dividió después de su muerte. La Iglesia de Dios de la Pascua del Nuevo Pacto (IDDPNP), que lidera su hijo Ahn Kwang-Sup rechaza la enseñanza de que Ahnsahnghong es Dios y que existe una «Madre celestial».
- Consideran a la IDSMM como «Sion» y «la única iglesia verdadera que Dios ha establecido en esta tierra», y rechazan a las otras denominaciones por ser las «iglesias de Babilonia». Los miembros estiman que el símbolo de la cruz, la Navidad y la adoración los domingos son prácticas «paganas». Las mujeres deben usar velos en la adoración.
- El grupo ha enfrentado repetidas controversias por las supuestas predicciones del fin del mundo para 1988, 1999 y 2012.

JUDAÍSMO

PERSONA CLAVE/FUNDADOR, FECHA, UBICACIÓN

El Abraham bíblico, alrededor del año 2000 a.C., y Moisés en el antiguo Cercano Oriente.

RAMAS PRINCIPALES

- Judaísmo ortodoxo
- Judaísmo conservador
- Judaísmo reformista

ESCRITOS PRINCIPALES

- El Tanaj (Antiguo Testamento), especialmente la Torá (o Pentateuco): los primeros cinco libros de la Biblia.
- El Talmud (explicación de la Tanaj), que consta del Mishná y el Gemará.
- Los escritos de los sabios, como Maimónides (1135?–1204 d.C.).

¿QUIÉN ES DIOS?

Dios es espíritu. Para los judíos ortodoxos, Dios es personal, todopoderoso, eterno y compasivo. Para otros judíos, Dios es impersonal, incognoscible y puede definirse de varias maneras. No existe la Trinidad.

¿QUIÉN ES JESÚS?

Para ellos, Jesús es como un falso mesías extremista o como un buen rabino (maestro) judío que fue martirizado. Muchos judíos ni siquiera lo toman en cuenta. Los judíos (excepto los mesiánicos y los cristianos hebreos) no creen que él fue el Mesías, el Hijo de Dios, ni que resucitó de los muertos.

Los judíos ortodoxos creen que el Mesías restaurará el reino judío y que en el futuro gobernará la tierra.

¿QUIÉN ES EL ESPÍRITU SANTO?

Algunos creen que el Espíritu Santo es otro nombre para la actividad de Dios en la tierra. Otros dicen que es el amor o el poder de Dios.

CÓMO SER SALVO

Algunos judíos creen que la oración, el arrepentimiento y la obediencia a la Ley (Halajá) son necesarios para la salvación; otros, que la salvación es el mejoramiento de la sociedad.

¿QUÉ PASA DESPUÉS DE LA MUERTE?

Habrá una resurrección física. Los obedientes vivirán para siempre con Dios, y los injustos sufrirán. Algunos judíos no creen en la vida consciente después de la muerte.

OTROS HECHOS, CREENCIAS O PRÁCTICAS

Reunión en las sinagogas el sábado, que tiene lugar desde la puesta del sol del viernes hasta el anochecer del sábado. Circuncisión de los varones. Muchos judíos observan cuidadosamente las restricciones de la dieta (*kosher* significa «apto para comer», de acuerdo con la ley judía), al rechazar el cerdo y otros alimentos «impuros». Consideran a Jerusalén como la ciudad santa.

Celebraciones principales

Incluyen:

- *La Pascua:* conmemora la historia del éxodo en la Biblia. La celebran con el Séder, una comida ceremonial.
- *Rosh Hashaná* (el año nuevo judío): la primera de las festividades judías.
- *Yom Kipur* (Día de la Expiación): en su mayoría son días de festividades y oración.
- *Janucá* (Festival de las luces): principalmente una celebración familiar centrada en la iluminación de una menorá con velas.

CENTRO DE CÁBALA

PERSONA CLAVE / FUNDADOR, FECHA, UBICACIÓN

Shraga Feivel Gruberger (1927?–2013), ahora conocido como Philip S. Berg. Los seguidores afirman que se fundó originalmente en 1922 por Rav Yehuda Ashlag (1885–1954) en Jerusalén. Sede en Los Ángeles, California.

ESCRITOS PRINCIPALES

- *El Zohar* [El Libro del Esplendor], la traducción en 23 volúmenes del Centro de los escritos místicos arameos y hebreos que aparecieron por primera vez en España en los siglos XIII-XIV.
- Los libros de Philip Berg y su hijo, Yehuda, que incluyen:
  - *Iniciación a la Cábala* (1985–1988), 3 volúmenes.
  - *The Essential Zohar* [El esplendor esencial] (2002)
  - *Los 72 nombres de Dios* (2004)

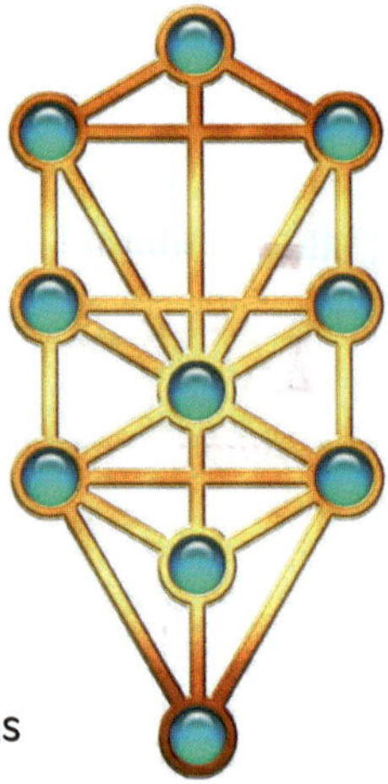

¿QUIÉN ES DIOS?

El ser supremo (Ein Sof, «infinito») es incognoscible, infinito e impersonal, descrito como «todo» y «en todo». Este Dios creador se revela a través de diez emanaciones o manifestaciones, llamadas sefirot («números»), que se ilustran con aspectos masculinos y femeninos como diez puntos en el diagrama del «Árbol de la vida» de la Cábala.

¿QUIÉN ES JESÚS?

Jesús no es Dios, ni es el Mesías judío (que aún está por venir). Algunos creen que Jesús mismo era un cabalista.

¿QUIÉN ES EL ESPÍRITU SANTO?

Se dice que Ruaj Hakodesh (en hebreo, «espíritu de santidad») es un estado del alma que nos permite profetizar.

CÓMO SER SALVO

El hombre es un recipiente con la chispa del Creador. Él repara a Dios / el universo al vivir y compartir correctamente para que pueda mantener más luz del Creador. La Cábala nos permite entender y vivir en armonía con las leyes espirituales del universo.

LA SALVACIÓN Y LA VIDA DESPUÉS DE LA MUERTE

Los seguidores creen en la reencarnación, no en la resurrección. Se dice que el hombre sube al árbol de la vida de regreso a Dios, y así regresa al Paraíso y «restaura el Edén».

Otros hechos, creencias o prácticas

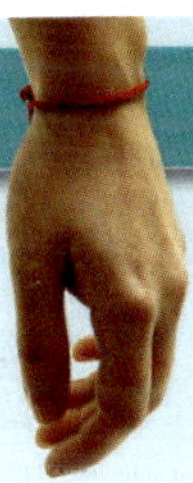

El mal no es un problema moral, sino la violación de los principios universales. Existen controversias en cuanto a los artículos demasiado caros, las maldiciones y los métodos de recaudación. Los seguidores usan un brazalete de hilo rojo y otros talismanes para protegerse del «mal de ojo» y de varias influencias espirituales negativas. Practican asiduamente la astrología y la meditación.

ISLAM

PERSONA CLAVE/FUNDADOR, FECHA, UBICACIÓN

Fundado en La Meca, Arabia, por Mahoma (570–632 d.C.); lo consideran el hombre más grande que haya vivido y el último de los más de 124.000 mensajeros enviados por Alá (Dios). Tipos principales: Sunitas (gente de la tradición), Sha (parte de Alí), Sufí (místicos).

Escritos principales

El Santo Corán (Qurán), que el ángel Gabriel le reveló Mahoma. Los comentarios más relevantes se encuentran en la Sunna (tradición), compuesta por la Hadiz (narrativa) y la Sirah (senda). El islam afirma que Dios les envió libros a Moisés, a David y a Jesús, pero que los judíos y los cristianos han corrompido los textos originales.

RAMAS PRINCIPALES

Sunitas: cuatro «escuelas de la ley» (madhabs): Hanafí, Malikí, Hanbalí y Shafi'i.

Chiítas: tres ramas: la mayoría de los «seguidores de los doce» (jafaríes), que creen en una sucesión de doce imanes infalibles y divinamente ordenados; «seguidores de los siete» (ismailíes) y «seguidores de los cinco» (zaidíes).

¿QUIÉN ES DIOS?

Alá es Uno y absolutamente único. Él no puede ser conocido. El mayor pecado en el islam es eludir o asociar algo con Alá. Las cualidades humanas como la paternidad no se pueden atribuir a Alá. Basados en el Corán, los musulmanes creen que los cristianos adoran a tres dioses: Alá, Jesús y María, y por lo tanto son culpables de ofensa.

Seguidores

Sunitas: aproximadamente 1.5 mil millones en todo el mundo

Chiítas: hasta 200 millones, principalmente en Irán, Irak, el Líbano, Azerbaiyán, Baréin

¿QUIÉN ES JESÚS?

Jesús (Isa en árabe) no era Dios ni el Hijo de Dios. Su nacimiento virginal se compara con la creación de Adán. No cometió pecado; podía hacer milagros (solo con el permiso de Alá, no por iniciativa ni poder personal), y es uno de los profetas más respetados que Alá envió. No fue a la cruz ni resucitó. Él (no Mahoma), volverá a desempeñar un papel especial antes del juicio futuro; quizás convertir a los cristianos al islam.

¿QUIÉN ES EL ESPÍRITU SANTO?

El «Espíritu Santo» puede referirse a Alá, al ángel Gabriel o al espíritu utilizado por Alá para dar vida al hombre e inspirar a los profetas.

CÓMO SER SALVO

Los seres humanos son buenos, así que no necesitan expiación por el pecado ni renacimiento espiritual; pero son falibles y necesitan orientación. El equilibrio entre las buenas y las malas acciones determina el destino final en el paraíso o el infierno. Alá puede inclinar las balanzas hacia el cielo. Siempre se debe vivir con el temor de Alá y del día del juicio.

¿QUÉ PASA DESPUÉS DE LA MUERTE?

Creen en la resurrección del cuerpo. La persona puede orar y buscar el favor de los muertos antes del día del juicio. El paraíso incluye un jardín poblado por huríes, doncellas que Alá diseñó para dar placer sexual a los hombres justos.

Escatología

Sunitas: la mayoría cree que una figura conocida como el Mahdi («El Guiado»), de la familia de Mahoma, aparecerá con Jesús antes del juicio final.

Chiítas: la mayoría cree en un grupo de doce imanes que sirven de sucesores espirituales y políticos de Mahoma. El último, Mahoma al Mahdi (n. 869 d.C.), está vivo pero oculto (en «ocultación») desde el 874 d.C.; en el momento adecuado aparecerá con Jesús.

OTROS HECHOS, CREENCIAS O PRÁCTICAS

Los musulmanes se reúnen en las mezquitas para las oraciones, los sermones y los consejos. Énfasis en la hospitalidad, desarrollan un sentido de comunidad y mantienen el honor (o evitan la vergüenza). La *Sharía*, actualizada en diferentes escuelas de la *fiqh* (ley islámica), rige todos los aspectos de la vida en los lugares donde se hace cumplir. La *yihād* («lucha») se usa para

referirse a la batalla interna de alguien por obedecer a Dios o a la guerra literal.

Los musulmanes que se convierten al cristianismo u otras religiones enfrentan persecución y posible muerte, de acuerdo con la ley islámica común; pero tales sanciones se aplican de manera diferente de un país de mayoría musulmana a otro.

Sucesión

Sunitas: los sucesores de Mahoma (llamados califas) deberían elegirse por consenso o elección. Solo cuatro fueron seleccionados, comenzando con Abu Bakr (c. 573–634 d.C.). A partir del año 661 d.C., los califas procedían de una sucesión de tres dinastías hereditarias: los omeyas, los abasidas y los otomanos. No ha habido nuevos califas desde 1924.

Chiítas: los sucesores de Mahoma (llamados imanes) deben ser de su familia y descendientes (Ahlul Bayt). El primero de ellos fue su primo y su yerno, Ali (c. 600–661 d.C.), y después todos los imanes fueron descendientes de la línea de sangre de Fátima (la hija de Mahoma y esposa de Ali). No hay nuevos imanes desde el año 869 d.C.

Celebraciones principales

- *Aíd al Fitr* (Fiesta del Fin del Ayuno) marca el final del Ramadán, el mes santo de ayuno islámico (anual; las fechas varían).
- *Aíd al Adha* (Celebración del Sacrificio) conmemora la obediencia de Abraham ante el pedido de Dios de sacrificar a su hijo, y marca el final del peregrinaje anual a la Meca (anual; las fechas varían).

DEFINICIONES

Alá: el nombre árabe preislámico apropiado para Dios, usado incluso hoy por los cristianos de habla árabe, así como por los musulmanes.

Hadiz (árabe, «relato», «narrativa»): miles de informes de dichos o comportamientos de Mahoma, que sentaron un precedente para la práctica musulmana y se convirtieron en la base de la *Sharía* en la mayoría de las escuelas de leyes islámicas.

Isa al Masih: «Jesús el Mesías». La palabra árabe *Masih* es similar a la palabra hebrea. *Isa* para «Jesús» es una versión oscura del «Yasu» de los cristianos árabes (del hebreo *Yeshua*).

Musulmán: un término árabe que deriva de la misma raíz que la palabra para la paz (*salam*). Nota que todos estos términos: SALAM, ISLAM, MUSULMÁN, poseen la misma raíz trilateral _S_L_M_.

Sharía: (árabe, «camino al agua»): el resumen ideal o la esencia de la ley islámica práctica (*fiqh*), basada en la Sunna, el Corán y el Hadiz. La *Sharía* es una guía para la vida cotidiana y la salvación.

Shirk: (árabe, «asociar») idolatría o blasfemia; igualar a los demás a Dios. Un pecado imperdonable, como la incredulidad (*kufr*).

Sufís: místicos musulmanes que pueden ser sunitas o chiítas, desde narradores de historias que buscan amar a Alá y su sabiduría, hasta aquellos que inducen trances cantando los nombres de Alá o bailando (como por los ampliamente conocidos «derviches de torbellino»).

Enseñanzas y prácticas principales

CHIÍTAS

Diez Ancilares

- Oraciones (*salat*)
- Ayuno durante el Ramadán (*sawm*)
- Peregrinación a La Meca (*hajj*)
- Entregar almas (*zakat*)
- El impuesto del quinto (*khums*)
- Guerra religiosa (*yihad*)
- Ordenar el bien (*amr bil-ma´ruf*)
- Prohibir el mal (*nahi anil-munkar*)
- Amar la *Ahlul Bayt* y sus seguidores (*tawalla*)
- Apartarse de los enemigos de la *Ahlul Bayt* (*tabarra*)

Cinco principios

- Unidad (*tawhid*)
- Justicia (*adl*)
- Profecía (*nubuwwah*)
- Liderazgo (*imamah*)
- Día de la resurrección (*yawm al qiyamah*)

SUNITAS

Cinco pilares (o deberes)

- Profesión de la fe (*shahadah*)
- Oraciones (*salat*)
- Entregar almas (*zakat*)
- Ayuno durante el Ramadán (*sawm*)
- Peregrinación a La Meca (*hajj*)

Las seis creencias

- En Alá
- En los profetas y mensajeros
- En los ángeles
- En los libros sagrados
- En el día del juicio y la resurrección
- En el decreto (destino/suerte)

FE BAHÁ'Í

Siyyid 'Alí-Muhammad

PERSONA CLAVE/FUNDADOR, FECHA, UBICACIÓN

Siyyid 'Alí-Muhammad, «el Báb» (1819–1850) y Mirza Hussein-'Alí Nurí o Baha'ullah (1817–1892). Fundada en 1844 en Irán. Sede en Haifa, Israel.

¿QUIÉN ES DIOS?

Dios es un ser divino incognoscible que se ha revelado a través de nueve «manifestaciones» (profetas), incluidos Adán, Moisés, Krisna, Buda, Jesús, Mahoma y Baha'ullah. No existe la Trinidad.

¿QUIÉN ES JESÚS?

Jesús no es Dios, ni el único camino a Dios. Él es una de las muchas manifestaciones de Dios. Cada manifestación reemplaza a la anterior y ofrece nuevas enseñanzas sobre Dios. Jesús, quien sustituyó a Moisés, fue reemplazado por Mahoma, y más recientemente por el más grande, Baha'ullah (Gloria de Alá). Aunque Jesús murió en la cruz, no resucitó de entre los muertos. El «Cristo en espíritu» regresó a Baha'ullah, quien es superior a Jesús.

El nombre más grande en la cúpula de la Casa de Adoración Bahá'í en Illinois

¿QUIÉN ES EL ESPÍRITU SANTO?

El Espíritu Santo es la energía divina de Dios que fortalece cada manifestación. El «Espíritu de verdad» se refiere a Baha'ullah.

CÓMO SER SALVO

Tener fe en la manifestación de Dios (Baha'ullah). Conocer y vivir según los principios y las enseñanzas de Baha'ullah.

¿QUÉ PASA DESPUÉS DE LA MUERTE?

Inmortalidad personal basada en buenas obras, con recompensas para los fieles. El cielo y el infierno son «alegorías de la cercanía y la lejanía de Dios», no son sitios reales.

Escritos principales

- Escritos de Baha'ullah y 'Abdu'l-Bahá, que incluyen:
  - *Kitáb-i-Íqán* (El libro de la verdad) (1861)
  - *Kitáb-i-Aqdas* (El libro más sagrado) (1873)
- La Biblia, interpretada espiritualmente de acuerdo con la teología Bahá'í

OTROS HECHOS, CREENCIAS O PRÁCTICAS

Los bahá'í se originaron como una secta islámica y son severamente perseguidos en Irán. La fe bahá'í enseña que todas las religiones tienen la misma fuente, principios y objetivos. Enfatizan la unidad y la armonía mundiales. Las reuniones locales regulares se llaman «fiestas». Las «reuniones espirituales» locales y nacionales supervisan los asuntos administrativos. La Casa Universal de Justicia, en Haifa, Israel, es la autoridad legislativa suprema del grupo.

Casa Universal de Justicia

NACIÓN DEL ISLAM

PERSONA CLAVE/FUNDADOR, FECHA, UBICACIÓN

Wallace D. Fard (1877?–1934?). En Detroit en 1930, pero liderado por Elijah Mohammed (1897–1975) a partir de 1934. Louis Farrakhan (1933–) ha liderado el movimiento desde 1981. Sede en Chicago, Illinois.

Las enseñanzas de Elijah Mohammed sobre Dios

- Dios es un hombre de raza negra.
- Millones de Alá han vivido y han muerto desde la creación.
- La raza negra es Dios de forma colectiva.
- El Maestro Fard es el Supremo Alá y el Salvador.

ESCRITOS PRINCIPALES

En público, el Sagrado Corán tiene autoridad y la Biblia se cita con frecuencia; pero el *Mensaje al Hombre Negro en América* (1965), *Nuestro Salvador ha llegado* (1974) y otros libros de Elijah Mohammed proporcionan los puntos de vista distintivos del grupo. Las enseñanzas actuales se promueven en el periódico *The Final Call* (El llamado final) y en los discursos del ministro Farrakhan.

¿QUIÉN ES DIOS?

Oficialmente, hay un Dios, Alá, como se describe en el Corán.

¿QUIÉN ES JESÚS?

Oficialmente, Jesús es un profeta, sin pecado, de Alá. En privado, Jesús nació de una relación adúltera de José, el esposo de

María, quien ya estaba casado con otra mujer. Jesús no fue crucificado; un oficial de la policía le apuñaló el corazón. Todavía está enterrado en Jerusalén. Las profecías del regreso de Jesús se refieren al Maestro Fard, Elijah Mohammed o Louis Farrakhan.

¿QUIÉN ES EL ESPÍRITU SANTO?

El Espíritu Santo no es importante para esta creencia, pero generalmente se considera como el poder de Dios o como el ángel Gabriel que habló al profeta Mahoma.

CÓMO SER SALVO

Las personas pecan, pero no son pecaminosas de nacimiento; la salvación es a través de la sumisión a Alá y de las buenas obras. Las creencias más antiguas que aún se mantienen son: Fard es el salvador; la salvación proviene del conocimiento del yo y la comprensión de que la raza blanca son demonios que desplazaron a la raza negra.

¿QUÉ PASA DESPUÉS DE LA MUERTE?

No hay conciencia ni existencia espiritual después de la muerte. El cielo y el infierno son símbolos. Las declaraciones sobre la resurrección se refieren al despertar de personas «mentalmente muertas» al brindarles verdaderas enseñanzas.

Otros hechos, creencias o prácticas

Los mensajes públicos de Farrakhan coexisten con doctrinas más tradicionales y esotéricas. Las ideas más antiguas de Elijah Mohammed (como el politeísmo, Dios como la raza negra, el Maestro Fard como Alá encarnado, la raza blanca como demonios destinados a causar daño) se distribuyen todavía, pero la predicación pública actual se enfoca en asuntos de corte islámico (un único Dios eterno, sin énfasis en temas raciales) con uso frecuente de la Biblia.

Religiones orientales: creencias fundamentales

Existen diferencias importantes entre las principales religiones orientales, y no todos los académicos están de acuerdo en asuntos históricos y de clasificación. Sin embargo, muchas creencias fundamentales de las cosmovisiones religiosas del Oriente contrastan con la cosmovisión cristiana. Para ver cómo difieren el cristianismo y las religiones orientales, es útil comprender conceptos básicos comunes a la mayoría de las religiones orientales y al pensamiento de la Nueva Era.

El panteísmo es la base de la filosofía religiosa oriental. El significado de la palabra proviene del griego *pan* («todos») y *theos* («Dios»). En el panteísmo, Dios no está separado de la creación. «Dios» en el panteísmo no es un creador personal y amoroso como en el cristianismo, sino una fuerza vaga e impersonal que existe en todas las cosas. Aunque algunas religiones orientales incorporan la devoción a los dioses o seres espirituales, no creen en un Dios todopoderoso y amoroso con el que todos pueden tener una relación personal.

La reencarnación es una creencia fundamental en las religiones orientales. Las almas pasan por miles de nacimientos, vidas y muertes.

El Karma (una «mala acción» y el apego al mundo material) es el agente negativo que hace que la gente se reencarne. Las escrituras hindúes tempranas describen la reencarnación como el humo de un alma cremada que se eleva hacia las nubes, que cae de nuevo a la tierra en forma de lluvia que nutre las plantas y los animales en la cadena alimenticia, y que al paso del tiempo se convierte en un humano de nuevo. Esto es lo opuesto a la creencia cristiana de que Dios nos crea como individuos con una vida física en la tierra, en la cual podemos aceptar o rechazar Su amoroso regalo de salvación, seguido de una sola resurrección.

El yoga y la meditación son dos de las principales formas de alcanzar la «salvación» en las religiones orientales. La salvación significa escapar de los innumerables ciclos dolorosos de la reencarnación. El yoga y la meditación son prácticas físicas y mentales desarrolladas como formas de reducir el karma de una persona: el apego al mundo físico y a nuestro ser individual. En el cristianismo, la salvación es el regalo gratuito de Dios a través de Su amor y Su gracia para todo el que lo acepte. En las religiones orientales, la salvación es algo que las personas se esfuerzan constantemente por alcanzar mediante sus propios esfuerzos.

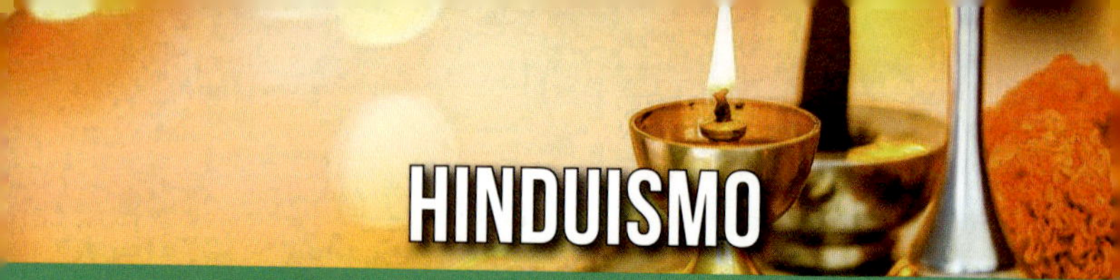

HINDUISMO

PERSONA CLAVE/FUNDADOR, FECHA, UBICACIÓN

Ningún fundador. Comenzó entre el 1800 y el 1000 a.C. en la India. Mayoría de seguidores en la India (80 % de la población), con números significativos en Nepal, Indonesia (Bali), Sudáfrica y el Caribe.

Om, una sílaba mantra sagrada del budismo, el hinduismo, el jainismo y el sijismo.

RAMAS PRINCIPALES

- **Shivaísmo:** enfatiza la adoración del dios Shivá; subraya la naturaleza más radicalmente impersonal de Brahma.
- **Visnuismo:** enfatiza la adoración de Visnú; entiende a Brahma en manifestaciones más personales (como Krisná, héroe del *Bhagavad-gītā*).
- **Shaktismo:** enfatiza la devoción a Shakti o Devi (la madre divina) como la máxima expresión de la divinidad.

ESCRITOS PRINCIPALES

Hay cientos de escrituras hindúes. Las colecciones más importantes son:

- Los cuatro Vedas («conocimiento») (c. 1500–1000 a.C.), los primeros textos

Una ilustración manuscrita del poema épico Mahabhárata.

- Los Brahmas (c. 900–500 a.C.), que consisten principalmente en rituales y mantras
- Los Upanishades (c. 800–500 a.C.), 108 tratados filosóficos
- Los Darshanas (c. 100 a.C.–200 d.C.), leyes éticas, civiles y penales (incluidas las Leyes de Manu)
- Los Brahma-sutra (c. 100 d.C.), 550 versos de descripciones crípticas sobre Dios, la realidad, la salvación y otros asuntos
- El Ramaiana (c. 500 a.C.) y el Majabhárata (c. 400 a.C.–300 d.C.), poemas épicos (este último incluye el *Bhagavad-gītā*)
- Los Puranas (c. 400–4000 d.C.), que contiene la «historia del universo»
- Los Tantras (c. 300–1100 d.C.), que contienen rituales mágicos o de ocultismo y ejercicios espirituales para apremiar la iluminación

¿QUIÉN ES DIOS?

Dios es «El Absoluto», un espíritu universal. Todos son parte de Dios (Brahma), pero la mayoría de las personas no están conscientes de ello. Muchos hindúes adoran a dioses y diosas, a los cuales consideran manifestaciones de Brahma.

Dios y dioses

El hinduismo, que en un principio fue una religión de muchos dioses (politeísmo), devino gradualmente en una filosofía conocida como panteísmo, es decir, el universo entero es Dios (ver Religiones orientales):

Celebraciones principales

- *Kumbhamela* (el festival de la olla): es una peregrinación trienal, la reunión religiosa más grande del mundo, que ocurre alternadamente en cuatro localidades de la India.
- *Diwali* (festival de las luces): se celebra anualmente en octubre o noviembre.

Creencias fundamentales: las diferentes escuelas de pensamiento hindú enseñan los puntos de vista teístas y panteístas de Dios, y a menudo se mezclan.

En las tradiciones no teístas, Dios no es un creador personal, distinto de Su creación; en cambio, tanto la criatura como su creador son parte de la misma «gran realidad», llamada Brahma-Atman. Brahma es la Totalidad Divina, la realidad última, y Atman es el alma individual, una especie de chispa del gran fuego de Brahma. Como dijo Muktananda, el gurú indio del siglo veinte: «Adora a tu Ser. Dios vive en ti como tú».

Se dice que hay aproximadamente 33.000.000 de dioses en el hinduismo, y la mayoría de los creyentes adoran a uno o más dioses, a pesar de las especulaciones filosóficas sobre la autoadoración. Shiva y Visnú son deidades monoteístas en algunas de las tradiciones teístas hindúes. Otras deidades populares incluyen a Kali, Durga, Shakti, Krishna, Rama, Ganesha y Hanuman.

¿QUIÉN ES JESÚS?

Se considera a Jesucristo como un maestro, un gurú o un avatar (encarnación del dios Visnú). Él es un «hijo de Dios», al igual que otros. Su muerte no expía los pecados, y no resucitó corporalmente de los muertos.

¿QUÉ PASA DESPUÉS DE LA MUERTE?

La reencarnación en un mejor estado (buen karma) si la persona se ha comportado bien; si no, entonces puede renacer y pagar por los pecados pasados (mal karma) a través del sufrimiento.

CÓMO SER SALVO

Cada alma humana está destinada a fusionarse con Brahma a través de miles de reencarnaciones y mucho sufrimiento. Estos ciclos de vida, llamados *samsara* (vagar), se refieren al viaje del alma de una vida a otra hasta lograr la *moksha* (liberación). En las tradiciones no teístas, esta liberación no se parece en nada al «cielo».

La liberación final del sufrimiento y los ciclos de reencarnación se producen cuando el alma se disuelve en Brahma, como una gota de lluvia que cae en el océano. Moksha equivale a la extensión de la personalidad individual, pero en las tradiciones hindúes teístas existe el concepto de que el cielo está presente con Dios. A diferencia del judaísmo y el cristianismo, el hinduismo ve la historia en términos de vastos ciclos de creación y destrucción, incluidas cuatro eras conocidas como *iugas*, esta comprensión impregna sus doctrinas y sus prácticas.

OTROS HECHOS, CREENCIAS O PRÁCTICAS

- A menudo los hindúes usan en la frente una marca llamada *tilaka* para representar el «tercer ojo» espiritual (que mira hacia el interior, hacia Dios).
- En la India, los sacerdotes brahmanes de casta superior presiden ritos y ceremonias que invocan a varios dioses, con frecuencia representados por ídolos llenos de ornamentos; estos rituales sirven tanto para fines religiosos como culturales.
- En la India, la vaca se protege, ya que la consideran un animal sagrado, aunque la crían para obtener leche. Los hindúes practicantes no comen carne. Muchos mantienen una dieta en lo fundamental vegetariana por la compasión y la no violencia (*ahimsa*).
- El hinduismo no tiene una sola filosofía o tradición unificadora. Evolucionó durante siglos como una mezcla de influencias religiosas históricas que no son necesariamente compatibles entre sí.

LOS GURÚS

Los buscadores espirituales avanzados pueden convertirse en discípulos de *gurús*, algunos de los cuales reclaman un alto logro espiritual, al punto de no reencarnar porque ya han alcanzado la «iluminación». Decir que «gurú y Dios son uno» es algo común.

El gurú y su discípulo tienen una relación íntima y compleja; crean un vínculo psicológico y espiritual. Durante la iniciación del discípulo, el gurú puede susurrar un mantra secreto al oído del mismo, y el discípulo puede incluso entregar su voluntad y personalidad al gurú. Entre los gurús más famosos se encuentran: Sri Sri Ravi Shankar, Osho (Bhagwan Shree Rajneesh), Maharishi Mahesh Yogi, Swami Muktananda y Sathya Sai Baba.

DEFINICIONES

Áshram (sánscrito, «morada», «residencia»): es un término usado a menudo para el lugar de retiro de un gurú.

Casta: una división estricta de la sociedad india, basada en las diferencias de nacimiento, que con frecuencia determina el estatus, la profesión y la ocupación de una persona.

Mantra (sánscrito, «forma de pensamiento»): una palabra o frase que se usa repetitivamente en la meditación para liberar al alma del mal karma y la reencarnación.

El monismo: la enseñanza de que toda realidad es una. El advaita (no dualista) vedanta es una escuela importante de la filosofía hindú que enseña esto, enfatizando que lo que comúnmente llamamos realidad es contingente, una ilusión que oculta la realidad objetiva más allá de nuestro mundo.

Puja (sánscrito, «adoración»): incluye comida, flores y ofrendas de incienso acompañadas de oraciones y mantras.

HARE KRISHNA

PERSONA CLAVE/FUNDADOR, FECHA, UBICACIÓN

A. C. Bhaktivedanta Swami Prabhupada (1896–1977) comenzó la Sociedad Internacional para la Conciencia de Krishna (ISKCON, por sus siglas en inglés) en 1966 en Nueva York. Se basa en enseñanzas hindúes del siglo XVI. Sede en Mayapur, India.

A. C. Bhaktivedanta Swami Prabhupada

ESCRITOS PRINCIPALES

- Revista *Regresando a la Divinidad*
- Las traducciones y los comentarios de Prabhupada de escrituras hindúes, especialmente:
  - *El Bhagavad-gītā tal como es* (1968)
  - *El Srimad-Bhagavatam* (1978), 18 volúmenes.

¿QUIÉN ES DIOS?

Dios es el Señor Krishna, que es un creador personal; las almas de todos los seres vivos forman parte de él. Algunas prácticas que Krishna disfruta libremente para su propio placer (como emborracharse y tener sexo fuera del matrimonio) son prohibidas para sus devotos.

¿QUIÉN ES JESÚS?

Jesús no es importante para ISKCON. Generalmente se le considera un maestro vegetariano que recibió luz y que

enseñó meditación. No es Dios encarnado. Algunos devotos de Krishna consideran que Jesús es Krishna; otros afirman que es un gran avatar, es decir, una encarnación de Visnú.

LA SALVACIÓN Y LA VIDA DESPUÉS DE LA MUERTE

El erudito indio Vishal Mangalwadi explica que en ISKCON, «el problema del ser humano es que olvidó su conciencia de Krishna y se enredó en este mundo material. Tiene que restablecer su vínculo con Krishna y obtener la conciencia de este. Esa es la única manera de salirse del ciclo de nacimientos y muertes y vivir para siempre en Goloka (el cielo)».

Otros hechos, creencias o prácticas

Se conoce a ISKCON por prácticas como el *sankirtana*, que incluye el canto público del Hare Krishna, el «Maha Mantra» y la distribución de libros, la *japa yoga*, servir *prasadam* (comida vegetariana santificada mediante ritos) y solicitar donaciones.

Sacerdote que reparte el *prasadam*

Los «cuatro principios regulativos» requieren una dieta vegetariana, abstención de bebidas alcohólicas, prohibición de los juegos de azar y el sexo solo para la procreación. A menudo, los nuevos devotos se sienten atraídos por las fiestas y los programas indios; a los convertidos se les dan nombres nuevos y pueden abandonar los lazos familiares.

MEDITACIÓN TRASCENDENTAL (MT)

PERSONA CLAVE/FUNDADOR, FECHA, UBICACIÓN

Maharishi Mahesh Yogi (1918?–2008). Fundada en 1955–1958 en la India, se basa en el hinduismo y el karma yoga. Sede en Vlodrop, Países Bajos.

Maharishi Mahesh Yogi

¿QUIÉN ES DIOS?

Cada parte de la creación compone a «Dios» (Brahma). El Ser Supremo no es personal. Toda la creación es divina, «todo es uno».

¿QUIÉN ES JESÚS?

Jesús no es el único Dios. Como todas las personas, Jesús tenía una esencia divina; a diferencia de la mayoría, él lo descubrió. Cristo ni sufrió ni podía sufrir por los pecados de la humanidad.

CÓMO SER SALVO

Los humanos han olvidado su divinidad interior. La salvación consiste en hacer más bien que mal para evolucionar al estado más alto (unión final del yo con Brahma) a través de la reencarnación.

LA SALVACIÓN Y LA VIDA DESPUÉS DE LA MUERTE

La reencarnación se basa en el karma (que acumula las consecuencias de las acciones personales) hasta que se pierde en la unión con Brahma. No hay cielo ni infierno.

OTROS HECHOS, CREENCIAS O PRÁCTICAS

A la persona promedio le cuesta alrededor de 1000 dólares aprender meditación trascendental. El ritual de iniciación requiere reverencia y una ofrenda de flores, frutas y ropa a la imagen del gurú Dev, maestro de Maharishi, ya fallecido. Por lo común, la meditación trascendental se practica durante 20 minutos dos veces al día; la persona, sentada en silencio con los ojos cerrados, repite mentalmente un mantra.

Escritos principales

- Escrituras hindúes que incluyen: el *Bhagavad-gītā*
- Los escritos sobre yoga de Maharishi Mahesh que incluyen:
  - *La Ciencia del Ser y el Arte de Vivir* (1963)
  - *Transcendental Meditation with Questions and Answers* [Meditación trascendental con preguntas y respuestas] (1967)

Otras prácticas relacionadas con la meditación trascendental incluyen la astrología, el uso de cristales y la Medicina védica Maharishi. La universidad Maharishi de administración, en Iowa, ofrece programas avanzados de meditación trascendental en «vuelo yoga» (levitación) e «invisibilidad». Los esfuerzos para introducir la meditación trascendental en las escuelas públicas de Estados Unidos provocaron decisiones judiciales que sentaron precedentes en 1977 y 1979 y determinaron que dicha práctica es de naturaleza religiosa.

Sede de Meditación Trascendental en Vlodrop, Países Bajos

SIJISMO

PERSONA CLAVE/FUNDADOR, FECHA, UBICACIÓN

Gurú Nanak Dev Ji (1469–1539), en lo que hoy es la provincia de Punjab, en Pakistán. Con nueve gurús sucesores (1504–1708). El principal lugar de culto es el Templo Dorado en Amritsar, India.

ESCRITOS PRINCIPALES

- La escritura principal es el Sri Gurú Granth Sahib («El libro maestro», también llamado Adi Granth), compilado por primera vez en el año 1604 d.C. Es adorado por los sijs, quienes lo consideran su gurú final y perpetuo.
- Otras obras relevantes incluyen:
  - *El Dasam Granth*
  - *El Varan Bhai Gurdas*
  - *El Sikh Rehat Maryada*

¿QUIÉN ES DIOS?

Un dios omnipresente (conocido como Waheguru, «Maestro maravilloso»). Los espiritualmente «despiertos» pueden conocerlo a través de la meditación. El sijismo también es panteísta; considera que el universo mismo es parte de Dios (no hace una clara distinción entre el Creador y la creación). Está prohibido representar a Dios con imágenes o ídolos.

Gurú Nanak Dev Ji

¿QUIÉN ES JESÚS?

Jesús no forma parte de esta creencia. El Adi Granth niega la

Trinidad y describe a Dios como «más allá del nacimiento» y la encarnación.

CÓMO SER SALVO

Las ataduras al reino material y los «cinco males» (ego, ira, avaricia, apego y lujuria) condenan al alma a 8.4 millones de reencarnaciones. Aquellos que superen con éxito estos males a través del comportamiento adecuado y la devoción, serán liberados del karma y del ciclo de renacimiento (samsara).

¿QUÉ PASA DESPUÉS DE LA MUERTE?

Al morir, los que escapan del samsara son absorbidos por Dios y pierden su individualidad en la forma de una gota de lluvia que cae en el océano. La Adi Granth afirma y a la vez niega la existencia de un cielo y un infierno literales.

OTROS HECHOS, CREENCIAS O PRÁCTICAS

Los sijs bautizados (Khalsa) son conocidos por su uso de las «cinco K»:

- Kirpán (una espada ceremonial pequeña)
- Kesh (cabello sin cortar)
- Kanga (un peine pequeño de madera)
- Kashera (pantalones cortos hasta la rodilla)
- Kara (brazalete de acero)

Los varones adultos usan un turbante y se les adiciona la palabra «Singh» a sus nombres. Enfatizan en la plena igualdad de hombres y mujeres. Se reúnen en los llamados gurdwaras, lugares donde se sirven alimentos vegetarianos gratuitos para todos los visitantes.

BUDISMO

PERSONA CLAVE/FUNDADOR, FECHA, UBICACIÓN

Gautama Siddhartha (563–483 a.C.), también conocido como Buda (Pali, «el iluminado»). Fundada en lo que hoy es Nepal e India como una reforma del hinduismo.

Buda

Siddhartha nació en un clan gobernante y llevaba una vida fácil sin tener conocimiento de la miseria humana. A partir de encuentros posteriores que sostuvo con un anciano, un hombre enfermo y un cadáver en descomposición, respectivamente, decidió buscar un remedio para los sufrimientos de la vida. Realizó un viaje de investigación y meditación, pero se sintió frustrado con los maestros hindúes que conoció.

Un día, mientras estaba sentado bajo un árbol de Bodhi, en el norte de la India, experimentó repentinamente un «aumento» o «despertar»; allí comprendió que las almas tienen la Ilusión de reencarnarse y flotar por la eternidad, ligadas a la ignorancia y sufrir sin sentido en un cuerpo tras otro.

RAMAS PRINCIPALES

- **Theravada** («Camino de los ancianos», también llamado

Hinayana o «vehículo menor»), enfatiza la *samadhi* («concentración»), meditación y la *vipassana* («percepción») interior.

- **Mahayana** («vehículo mayor»); subraya que todas las personas pueden alcanzar la naturaleza búdica esencial a través de la meditación y la ayuda de los *bodhisattvas* (seres iluminados que regresan a tierra para ayudar a los budistas en necesidad espiritual).
- **Vajrayana** («vehículo del diamante»): combina la Mahayana, el *tantra* indio y la Bön, religión oculta del antiguo Tíbet.

El *vajra* es el símbolo clave y el objeto ritual importante en el budismo vajrayana.

¿QUIÉN ES DIOS?

Buda no creía en la existencia de Dios. Otros se refieren a Buda como una conciencia iluminada universal o como un dios.

Una religión atea

El budismo se considera, a menudo, una especie de «religión atea». La idea de que seguir o conocer a «Dios» es irrelevante y hasta puede interferir en la búsqueda de la iluminación es un aspecto esencial en las enseñanzas de Buda. Él consideraba a los dioses hindúes como seres que están

Escritos principales

- El *Mahavastu* («La gran historia»), una colección que cubre la historia de la vida de Buda
- Los *cuentos de Jataka*, 550 historias de las vidas anteriores de Buda
- El Canon Pali o *Tripitaka* («Tres canastas»), una tradición oral de la vida y los dichos de Buda
- Los *Tantras*, como se registran en el budismo tibetano

bajo el poder del karma que necesitan transformarse en humanos, convertirse al budismo y despertar espiritualmente. Buda creía que su misión era guiar a las almas a través de la trama de sufrimientos e ignorancia hasta lograr la salvación (nirvana).

¿QUIÉN ES JESÚS?

Jesucristo no es parte de la cosmovisión histórica budista. Los budistas actuales en Occidente, por lo general, ven a Jesús como un maestro iluminado; mientras que los budistas en Asia creen que Jesús es un avatar o un bodhisattva, pero no Dios.

Celebraciones principales

- *Uposatha*: días festivos cada cuatro meses
- *Vesak*: conmemoración anual del cumpleaños de Buda (mayo / junio)
- *Vassa*: retiro anual durante la temporada lluviosa (julio–octubre)
- *Ullambana* (día de todas las almas o festival del fantasma hambriento): que enfatiza la veneración a los ancestros (agosto)

¿QUIÉN ES EL ESPÍRITU SANTO?

El Espíritu Santo no es parte de esta creencia. Sin embargo, los budistas sí creen en los espíritus. Algunos practican el yoga de la deidad e invitan a la posesión espiritual.

¿QUÉ PASA DESPUÉS DE LA MUERTE?

La mayor parte de los budistas creen que, en dependencia del karma, la persona al morir puede dirigirse a uno de los seis diferentes planos espirituales: tres «reinos afortunados» (los de semidioses, dioses y humanos) y tres «reinos desafortunados» (los de animales, fantasmas hambrientos y «seres infernales»).

CÓMO SER SALVO

Las vidas religiosas de los budistas individuales varían enormemente, al igual que sus puntos de vista sobre la salvación. Algunos se esfuerzan por liberarse de sus antojos personales mediante la obediencia al Noble camino óctuple del Buda; otros siguen las enseñanzas de un maestro budista para alcanzar la iluminación; muchos esperan entrar en un paraíso al poner su fe en los méritos de un Buda o bodhisattva compasivo.

El noble camino óctuple

- Comprensión correcta
- Pensamiento correcto
- Discurso correcto
- Acción correcta
- Medios de subsistencia correctos
- Esfuerzo correcto
- Atención correcta
- Concentración correcta

No obstante, aunque por diversos medios, la liberación final es la misma para todos los budistas: creen que la salvación se logra mediante sus propias obras virtuosas al alcanzar el estado de «nada» conocido como nirvana, es decir, un final permanente de los renaceres y los sufrimientos.

OTRAS PRÁCTICAS Y CREENCIAS

- Los cinco preceptos de conducta requieren que los budistas se abstengan de matar, robar, tener una conducta sexual indebida, hablar maliciosamente y usar drogas o licores ilícitos.
- El budismo zen rechaza el conocimiento teórico, los escritos sagrados y opta por experimentar una iluminación

repentina a través de la intensa meditación sedente.

- Algunos grupos budistas hablan de un «Buda eterno» (fuerza vital).
- Ciertas escuelas budistas de Mahayana veneran espíritus iluminados a través de demostraciones de respeto, meditación y obsequios.
- Mediante la «Doctrina de la asimilación», los sistemas de creencias de otras religiones se mezclan en su forma de budismo.

DEFINICIONES

Bodhisattva (sánscrito, «existencia iluminada», «ser despierto»): en el budismo Mahayana, es alguien que ha logrado la iluminación (la budeidad), pero que retrasa la liberación definitiva (nirvana) para aliviar primero el sufrimiento de los demás por sus propios méritos. Uno de los bodhisattvas más populares es Avalokiteshvara, también conocida en China como la diosa de la misericordia Guanyin (o Kwan Yin) y en Japón como Kannon.

Dharma (sánscrito, «lo que sostiene y apoya»): se

refiere al orden que hace posible la complejidad de los mundos naturales y espirituales. Es un concepto básico en la civilización india, tanto hindú como budista, en el cual gobiernan las ideas sobre la correcta conducta de vivir. Su símbolo es la rueda, y puede observarse en el centro de la bandera nacional de la India.

Lama: el equivalente budista tibetano de la palabra hindú «gurú», una traducción común para «maestro espiritual».

Skandha (sánscrito, «montón»): es uno de los cinco elementos de identificación o «agregados» que constituyen el individuo. Se dispersa al morir y luego se vuelve a formar en el renacimiento físico. Se refiere a la forma, los sentimientos, las percepciones, los procesos de pensamiento y la conciencia.

Cuatro nobles verdades

Buda enseñó que existen «cuatro nobles verdades»:

1. La realidad del sufrimiento
2. La causa del sufrimiento (deseos/ambiciones)
3. La cesación del sufrimiento (nirvana)
4. El «camino medio» al seguir el noble camino óctuple

Tantra (sánscrito, «telar», «urdimbre»): los tantras son las principales escrituras del budismo vajrayana. El tantrismo tibetano es conocido por su énfasis en lo secreto, la magia, la devoción al gurú y el yoga sexual.

El dalái lama

TENZIN GYATSO (1935–), el decimocuarto dalái lama («océano de sabiduría»), nació en el Tíbet rural. Es un monje de la secta Gelug («gorros amarillos») del budismo tibetano. Se dice que es la reencarnación de los trece dalái lamas anteriores, los dioses del Tíbet. En 1959, huyó del Tíbet debido a un conflicto con los gobernantes chinos, y ahora dirige el gobierno tibetano en el exilio en Dharamsala, India. El dalái lama se ha esforzado mucho más que cualquiera para popularizar el budismo tibetano en Occidente.

El dalái lama en Praga en el 2016
Nadezda Murmakova/Shutterstock.com

Pero ahí no termina la historia. En el 2001, el dalái lama le dijo a un entrevistador de *Christianity Today* que «Jesucristo también pasó por vidas anteriores», y agregó que Jesús «alcanzó un estado elevado, ya sea como un Bodhisattva o una persona iluminada, a través de la práctica budista o algo por el estilo».

Pocas personas se dan cuenta de que la religión del dalái lama también es profundamente ocultista, en parte debido a la influencia de la antigua religión Bön. El dalái lama consulta al oráculo de Nechung, quien está poseído por un espíritu, para tomar decisiones estatales; y el tantrismo del budismo tibetano incluye el uso ritual de restos humanos y de excreciones corporales conocidas como las «cinco ambrosías».

Árbol genealógico de las religiones del Lejano Oriente

SINTOÍSMO (SHINTOÍSMO)

PERSONA CLAVE/FUNDADOR, FECHA, UBICACIÓN

No tiene fundador. Las leyendas de la creación hablan de deidades nativas, llamadas *kami*, que formaron las islas de Japón. La palabra «Shinto» viene del chino *shin tao* («el camino de los dioses»). Es una religión animista nativa del Japón que data del 500 a.C. o anterior.

¿QUIÉN ES DIOS?

No se considera a Dios como un creador personal, sino como la fuerza detrás de todos los espíritus *kami*. Los *kami* animan toda la naturaleza, incluidos objetos como rocas, árboles o arroyos, que hacen del sintoísmo una combinación de politeísmo y panteísmo. Hay más de una docena de *kami* principales, incluida Amaterasu, la diosa del sol (representada en el sol naciente de la bandera nacional de este país), de donde descendieron los emperadores del Japón.

Shimenawa, cuerda que se usa para alejar a los malos espíritus

PROPÓSITO DE LA VIDA/ SALVACIÓN

El propósito principal de la existencia humana es llevar una vida ética.

¿QUÉ PASA DESPUÉS DE LA MUERTE?

Cada persona sigue existiendo como un *kami*.

OTROS HECHOS, CREENCIAS O PRÁCTICAS

Casi todos los seguidores son japoneses; muy pocos conversos de otra nacionalidad. El emperador actual de Japón, Akihito (hijo de Hirohito, que gobernó durante la Segunda Guerra Mundial), todavía es considerado como divino por algunos japoneses.

Emperador Hirohito

En los muchos santuarios de Japón presididos por sacerdotes sintoístas se adoran los *kami*. Cada santuario está dedicado a un *kami* específico que, supuestamente, responde a las oraciones sinceras de los fieles. Se ofrecen oraciones a los *kami* por todas las dificultades y bendiciones de la vida. El sintoísmo reconoce muchos lugares sagrados: montañas, manantiales y sitios históricos importantes.

Escritos principales

Numerosos textos que datan del siglo VIII d.C. y posteriores. Los cuatro textos más importantes son:

- El *Kojiki* (712 d.C.) y el *Nihon Shoki* (720 d.C.), dos de las epopeyas nacionales de Japón
- El *Rikkokushi* («seis historias nacionales»), que incluye:
  - El *Shoku Nihongi* (697–791 d.C.)
  - El *Jinno Shotoki* (1338–1341 d.C.), un tratado sobre la política y la historia de Japón.

CONFUCIANISMO

PERSONA CLAVE/FUNDADOR, FECHA, UBICACIÓN

Confucio o Kong Zi (551–479 a.C.), quizás la figura más venerada e influyente en la historia china, durante el siglo VI a.C.

ESCRITOS PRINCIPALES

Los «cuatro libros» del canon de Confucio son:

- Las Analectas de Confucio (c. 479–221 a.C.), compiladas por sus discípulos poco después de su muerte
- El gran aprendizaje, atribuido a Confucio y Zengzi (505–436 a.C.)
- La doctrina de la medianía por Zisi (481–402 a.C.)
- El Libro de Mencio, atribuido al autor del mismo nombre.

Otros escritos importantes incluyen:

- El libro de la piedad filial (c. 400 a.C.)
- Los «cinco clásicos», una colección que incluye el Clásico del cambio o I Ching (c. 1150 a.C.), un sistema de adivinación

¿QUIÉN ES DIOS?

No todos consideran que el confucianismo sea una religión real, y Confucio no habló de Dios ni dioses. Sin embargo, casi 200 discípulos y sabios actualmente lo adoran en los templos de Confucio.

PROPÓSITO DE LA VIDA/SALVACIÓN

Sortilegio *I Ching*

Si bien mantuvo el concepto chino del «Cielo» como una realidad espiritual, Confucio fue un humanista preocupado por el comportamiento ético en el gobierno y las relaciones. Su ideal era la armonía del individuo perfeccionado dentro de una sociedad bien ordenada. Sus enseñanzas se pueden resumir como «humanismo ético». Él enseñó que el hombre verdaderamente superior está motivado por la justicia, no por la ganancia.

LA SALVACIÓN Y LA VIDA DESPUÉS DE LA MUERTE

Confucio no habló de una vida después de la muerte ni del alma, pero apoyó la antigua práctica china de adoración de los ancestros, aunque más como un sistema ético de respeto por los muertos.

Otros hechos, creencias o prácticas

Énfasis en cultivar la «piedad filial» (amar y respetar a los padres y los ancestros) y obedecer las leyes de la naturaleza. Los rituales incluyen ofrecimientos a los espíritus de los ancestros, a la vez que observar y registrar estadios importantes de la vida, como por ejemplo los nacimientos, las bodas y los funerales.

Un movimiento «Nuevo Confucio» comenzó a principios del siglo XX, el cual reflejaba el movimiento neoconfuciano del 960–1279 d.C. que reverencia a Confucio, Buda y Laozi. Además de China, el confucianismo ha influenciado la cultura de otros países como Taiwán, Japón, Corea y Vietnam.

TAOÍSMO (DAOÍSMO)

PERSONA CLAVE/FUNDADOR, FECHA, UBICACIÓN

Laozi («el anciano»), también llamado Lao-Tzu (c. 600–530 a.C.), se dice que es un contemporáneo de Confucio (aunque su verdadera identidad e historicidad están en duda). Tao («el camino») comenzó en China en el siglo VI a.C., y alcanzó su forma casi definitiva en el segundo siglo a.C. Fue asumido como una religión del estado alrededor del 440 d.C.

¿QUIÉN ES DIOS?

El taoísmo es politeísta. Adora a deidades como el Emperador de Jade. El mismo Laozi llegó a ser venerado como una deidad, junto con muchos otros «inmortales».

PROPÓSITO DE LA VIDA/SALVACIÓN

Las doctrinas del taoísmo varían ampliamente e incluyen numerosas creencias asiáticas naturalistas o místicas. «Tao» se refiere a la forma en que la vida fluye en los planos, tanto espirituales como materiales. Es la fuerza subyacente del orden natural, o el principio que mantiene al universo en equilibrio y orden. Yin es pasivo, débil y desorganizado, mientras que Yang es activo, fuerte e integrador.

El Yin y el Yang pueden armonizarse a través de meditaciones y prácticas llamadas Wu wei («no acción»). El objetivo de Wu wei es alinearse con el Tao, que revela el poder suave e invisible de todas las cosas. En el taoísmo la salvación es un concepto vago.

¿QUÉ PASA DESPUÉS DE LA MUERTE?

Algunos taoístas creen en la reencarnación, mientras que otros consideran que la vida después de la muerte es una continuación de la vida en la tierra, sostenida por la adoración a los antepasados.

Escritos principales

- *Tao Te Ching* (siglo IV a.C.), atribuido a Laozi
- *Zhuangzi* (476–221 a.C.), se le atribuye a este autor del mismo nombre
- La compilación mucho más grande de todos los trabajos taoístas es *Tao-tsang* («Tesoro del Tao»), recopilada alrededor del 400 d.C.

Pa kua, los ocho símbolos utilizados en la cosmología taoísta

OTROS HECHOS, CREENCIAS O PRÁCTICAS

Otras creencias incluyen un énfasis en los «cinco preceptos» de ética interpersonal, muy parecidos a los cinco preceptos del budismo. Las prácticas ocultas abarcan la posesión de espíritus, el uso de médiums y la adivinación. El taoísmo también ha influido en algunas artes marciales chinas (como el Tai chi chuan), la medicina tradicional y el *qigong*. La mayoría de sus seguidores están en China, aunque la influencia continúa creciendo en América del Norte.

LA «NUEVA ERA» Y LA ESPIRITUALIDAD POP DE HOY

Desde finales de los años sesenta hasta las postrimerías de los ochenta, el «movimiento de la Nueva Era» se extendió en la sociedad occidental. Popularizó y reorganizó una profusión de creencias y prácticas místicas y ocultas orientales de los siglos pasados, anticipando una revolución en la conciencia que marcaría el comienzo de la «Era de Acuario». Hoy millones de consumidores espirituales están internándose en territorios peligrosos en su desenfrenada búsqueda de sanidad, empoderamiento, éxito y paz.

UN SUPERMERCADO ESPIRITUAL

La socióloga Carmen Kuhling describe la espiritualidad de la Nueva Era como «una mezcla ecléctica de misticismo oriental, terapia de autoayuda, paganismo y otras filosofías». Según la antropóloga Susan Love Brown, cuatro de sus principales énfasis son: la experiencia como fuente de conocimiento, los rituales, sanarse a sí mismo (sea espiritual o físicamente) y lograr la armonía de cuerpo, mente y alma.

Autores populares como Deepak Chopra, Eckhart Tolle y Rhonda Byrne (*El secreto*), se basan sobre todo en las religiones orientales (budismo, hinduismo) y el nuevo pensamiento, aunque a veces citan «erróneamente» la Biblia para hacer que sus enseñanzas sean más aceptables. Algunas de sus principales y más problemáticas afirmaciones son que:

- Cada ser humano es, en esencia, divino (panteísmo/monismo: Dios es todo).
- Jesús no es el único camino: existen muchos caminos a la verdad de Dios.
- Lo que desea una persona determina lo que sucede en su vida (ley de la atracción).
- La Palabra de Dios (la Biblia) no es la autoridad final.

EL ESPIRITISMO: UN «CANAL» PRECURSOR DE LA NUEVA ERA

Las hermanas Kate y Margaretta Fox, de Hydesville, Nueva York, popularizaron esta antigua creencia por primera vez en Estados Unidos en 1848. Los médiums conducen sesiones para, supuestamente, contactar y transmitir mensajes de los muertos. A menudo los espiritistas utilizan güijas, bolas de cristal y otros instrumentos de adivinación. Los «canalizadores» de hoy también afirman ser portavoces de los espíritus, pero evitan las «demostraciones» físicas (como hacer levitar objetos) utilizadas por los médiums del siglo XIX.

DEFINICIONES

Ideas, expresiones y prácticas ampliamente asociadas con la espiritualidad popular.

Estado alterado: es un estado mental en el que se suspende el pensamiento crítico, a través de ciertos tipos de meditación, cantos, movimientos repetitivos o fármacos. Es similar a un trance o un estado hipnótico ligero.

Aura (halo): se piensa que es un campo de energía que rodea el cuerpo de una persona, con diferentes colores que revelan sus estados espirituales, psicológicos y físicos.

Astrología: del griego αστρολογία (*astrología*), «narración de las estrellas»: es una forma de adivinación que interpreta las posiciones del sol, la luna y los planetas como representaciones significativas de la vida de una persona, de un suceso o de toda entidad que tenga una fecha de fundación (como un país). La astrología difiere de la astronomía, que es el estudio científico del espacio y los cuerpos celestes.

Canalización: permitir que un espíritu (demonio) hable a través de ti; también se le llama mediumnidad.

Chi (Qi): del taoísmo, se cree que es una energía vital global que impregna el universo y el cuerpo de una persona y se manipula para obtener beneficios espirituales y de sanación. Se utiliza en el Feng Shui, la acupuntura y algunas artes marciales.

Demonio: un ángel caído que sirve a Satanás. Puede hacerse pasar por personas muertas (como fantasmas) y otros seres espirituales.

Adivinación: leer significados ocultos en objetos naturales y recibir información sobre el pasado, presente o futuro de una persona a través de medios sobrenaturales. Ejemplos:

astrología, numerología (aritmancia), tarjetas de lectura (cartomancia), palmas (quiromancia), vidrio o superficies transparentes como un cristal, espejo o lago (escrutinio), hojas de té (taseomancia), patrones de hexagramas (I Ching) o símbolos nórdicos especiales (runas), y la tierra para determinar la mejor ubicación de estructuras (geomancia).

Gnosticismo: (del griego *ginosko*, «tengo conocimiento») es una secta que surgió dentro o paralela al movimiento cristiano en el primer y segundo siglo d.C. Los gnósticos afirmaban poseer un conocimiento secreto sobre Dios que no estaba disponible para otros. La «conciencia de Dios» de hoy es similar a las percepciones y experiencias que los primeros gnósticos identificaron como gnosis.

La ley de la atracción: es la creencia de que los pensamientos son «magnéticos», «tienen una frecuencia», y que, al concentrar la atención en ciertos deseos por períodos prolongados, la persona puede obtener lo que desea. Esto puede funcionar tanto de forma positiva (para atraer prosperidad) como negativa (para atraer desgracia).

Magia: es manejar la realidad a la voluntad personal mediante el uso de poderes sobrenaturales o misteriosos. No debe confundirse con la magia de escenario que practican los ilusionistas para el entretenimiento.

Médium: es un psíquico que intenta comunicarse con los muertos y otros seres espirituales.

Atención plena: es un estado mental de conciencia, centrado activamente en los pensamientos, sentimientos, sensaciones corporales y el entorno que nos rodea, para alcanzar una sensación de calma. Puede producirse a través de la meditación u otro entrenamiento.

Necromancia: es una forma de adivinación en la cual la persona intenta comunicarse con los espíritus de los muertos. (Del griego *nekros*, «muerto» y *manteia*, «adivinación»). También se usa para referirse a la brujería o la magia negra en general.

Neopaganismo: es un término general que abarca la brujería moderna o Wicca, los rituales druidas, la adoración a Asatru, a Odín, el chamanismo nativo de Norteamérica y movimientos relacionados. Los rituales, las técnicas, las creencias y los propósitos pueden variar ampliamente. Otros términos incluyen «The Craft» [El arte] y «Earth Religions» [Religiones de la tierra].

Oculto (ocultismo): prácticas para descubrir significados ocultos, ejercer poderes sobrenaturales o espíritus de contacto. (Del latín *occulere*, «ocultar»).

Tabla de güija: es el popular «panel parlante», un dispositivo hecho por Hasbro, Inc. Y ampliamente utilizado en la necromancia y la adivinación. Las tablas de güija, que a menudo se promocionan como un divertido juego de niños, pueden ser una puerta al ocultismo.

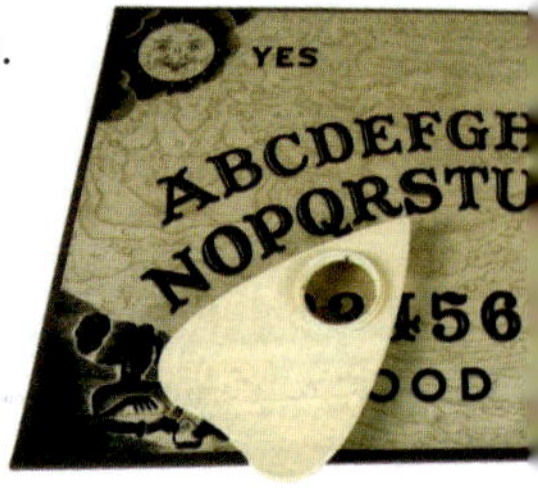

Psíquico: es una persona que recibe información a través de espíritus o de poderes paranormales de la visión (clarividencia) o de la escucha (clariaudiencia).

Sesión espiritista: es una reunión en la que las personas intentan recibir mensajes de los muertos a través de un médium espiritista.

Chamanismo: es la creencia de que el mundo está lleno de una variedad de espíritus (o fuerzas) buenos y malos a los cuales un chamán (un intermediario especialmente iniciado) puede influenciar o controlar por medio de ceremonias, con frecuencia al entrar en un estado de trance.

Guía espiritual: es una entidad sobrenatural desencarnada que actúa como guía o compañera, comúnmente un demonio que se hace pasar por un fantasma, un ángel, un hada, una sirena, un animal o un ser extraterrestre. Se cree que ayuda en cuestiones de adivinación o de magia. También se le llama «familiar».

El verdadero «secreto»

Los seres humanos vienen provistos de un anhelo espiritual, una sed de algo más allá de ellos mismos. En realidad, anhelamos la relación con Dios para la cual fuimos creados. «[Él] puso en la mente humana el sentido del tiempo, aun cuando el hombre no alcanza a comprender la obra que Dios realiza de principio a fin» (Ecl. 3:11). Dicho sentimiento está destinado a guiar a la humanidad hacia Dios mismo. La espiritualidad pop aparentemente ofrece el secreto para aliviar nuestros miedos, deseos y sueños. Promete control sobre el caos de la vida, una fórmula para la prosperidad y la integridad. La buena noticia es que: Dios es el «secreto» y la respuesta que buscan nuestras almas. Él ha revelado su identidad en Jesucristo, «en quien están escondidos todos los tesoros de la sabiduría y del conocimiento» (Col. 2:3)

CIENCIOLOGÍA

PERSONA CLAVE/FUNDADOR, FECHA, UBICACIÓN

Fundada por L. Ronald Hubbard (1911–1986) en 1954, en California. Las instalaciones principales de la sede se encuentran en California y la Florida.

L. Ronald Hubbard

¿QUIÉN ES DIOS?

La cienciología no define a Dios ni a algún ser supremo, pero rechaza la descripción bíblica de Dios. Toda persona es un «thetán», un espíritu inmortal con poderes ilimitados sobre su propio universo, pero no todas las personas lo saben.

¿QUIÉN ES JESÚS?

La cienciología casi nunca menciona a Jesús. Él no fue el Creador, ni fue un «thetán operante» (en control de los poderes sobrenaturales, limpio de defectos mentales). Tampoco murió por los pecados de la humanidad. El uso simbólico de la cruz que hace la cienciología no tiene relación con la cristiandad.

CÓMO SER SALVO

No existe el pecado ni la necesidad de arrepentirse. La salvación radica en liberarse de la reencarnación. La persona debe trabajar con un «auditor»

E-metro, se usa para medir los engramas

en sus «engramas» (unidades de experiencia negativa) para lograr el estado de «libertad». Luego asciende al «puente hacia la libertad total» en los estados superiores de «Operador thetán» y llega a controlar la materia, la energía, el espacio y el tiempo (MEET).

Escritos principales

- *Dianética: La ciencia moderna de la salud mental* (1952)
- *Cienciología: Los fundamentos del pensamiento* (1971)
- *El camino a la felicidad* (1980)
- Otras obras de Hubbard

¿QUÉ PASA DESPUÉS DE LA MUERTE?

El infierno es un mito y el cielo es un «sueño falso».

OTROS HECHOS, CREENCIAS O PRÁCTICAS

Los miembros celebran el nacimiento de Hubbard y el aniversario de la publicación de Dianética. El grupo es controversial en el mundo entero por sus charlas nocivas en los medios de comunicación. Existen varias organizaciones relacionadas con la cienciología como: Narconon, Criminon, Way to Happiness Foundation, WISE, Hubbard College of Administration y Applied Scholastics.

ECKANKAR

PERSONA CLAVE/FUNDADOR, FECHA, UBICACIÓN

Fundada en San Diego, California, por Paul Twitchell (1908–1971) en 1965. Se proclama a sí misma la «Religión de la luz y el sonido de Dios» y «La antigua ciencia del viaje del alma». Sede en Chanhassen, Minnesota. Actualmente la dirige Sri Harold Klemp (1942–), el «Mahanta» o «Maestro viviente de ECK».

¿QUIÉN ES DIOS?

Dios es una esencia sin forma que consiste en luz y sonido, llamada el Sugmad (no es «ni masculino ni femenino» y es «la fuente de toda la vida»). La luz y el sonido emanan del Sugmad y regresan a él en una corriente llamada ECK. Consideran el cristianismo como «un camino alternativo» a «un grado de iluminación». Eckankar no reconoce el concepto bíblico de la Trinidad.

Escritos principales

- *El Shariyat-Ki-Sugmad* (1970), considerado «escritura sagrada»
- Otros libros de Paul Twitchell, que incluyen:
  - *El colmillo del tigre* (1967)
  - *Eckankar: La clave de los mundos secretos* (1969)
  - *La flauta de Dios* (1970)
- Escritos de Harold Klemp

¿QUIÉN ES JESÚS?

Twitchell enseñó que el diablo «es el Jehová de la fe judía y el padre de las enseñanzas cristianas [...] por eso nosotros, realmente, vemos a Jesús como un hijo de Kal Niranjan», es decir, el diablo. En otra parte, el grupo enseña que Jesús fue «el Maestro de ECK de Judea».

¿QUIÉN ES EL ESPÍRITU SANTO?

El «Espíritu Santo» es simplemente otro nombre para la corriente «ECK».

CÓMO SER SALVO

La iluminación o la unión con el Sugmad, se logra al sintonizar la corriente ECK a través del «viaje del alma» y seguirla mientras regresa a su origen.

¿QUÉ PASA DESPUÉS DE LA MUERTE?

Después de la muerte la persona reencarna una y otra vez, hasta que regresa al Sugmad.

OTROS HECHOS, CREENCIAS O PRÁCTICAS

La práctica de Eckankar del «viaje del alma» es similar a una experiencia «fuera del cuerpo». Afirman que esto «solo lo enseña el Maestro viviente de ECK» y se puede lograr por medio de más de cien «ejercicios espirituales», como la visualización y el canto «HU» («El nombre más antiguo y secreto de Dios»). Durante el «viaje del alma», el individuo puede encontrarse con los maestros ECK muertos y seguir la corriente ECK de regreso al Sugmad.

Los miembros, llamados «chelas», pasan por una serie de iniciaciones, la primera de ellas «con frecuencia viene en un sueño». El movimiento enfrentó controversias en la década de 1970 cuando su fundador fue acusado de tomar prestadas enseñanzas de la tradición de Radhasoami Sant Mat y de plagiar el trabajo de Julian Johnson (1873–1939), uno de sus discípulos.

TEOSOFÍA

PERSONA CLAVE/FUNDADOR, FECHA, UBICACIÓN

La teosofía es una filosofía y un movimiento esotéricos que se remonta a Helena P. Blavatsky (1831–1891), también conocida como «Madame Blavatsky» o HPB. En 1875, fundó la Sociedad teosófica, en Nueva York, con Henry Steel Olcott (1832–1907). Hoy en día hay dos grupos principales, cada uno conocido como la Sociedad teosófica; uno con base en Adyar, India y otro en Pasadena, California.

Helena P. Blavatsky

CREENCIAS FUNDAMENTALES

Las enseñanzas de la «sabiduría antigua» sostienen que las religiones del mundo (panteones griego y egipcio, la fe cristiana, el gnosticismo, el budismo, entre otras) originalmente enseñaban las mismas verdades fundamentales, pero se corrompieron por el desarrollo de la religión organizada. Las escrituras más antiguas (las vedas hindúes) contienen las verdades esenciales; y las demás, partes de dicha esencia: panteísmo, reencarnación, yoga, evolución de la conciencia, poderes psíquicos, entre otras.

¿QUIÉN ES JESÚS?

Jesús es considerado la quinta encarnación en la raza aria de Cristo, o la suprema Teosofía del «Maestro del Mundo». La Teosofía rechaza la expiación de Jesús y afirma que el hombre produce su propia salvación a través de repetidas encarnaciones. Cada ser humano es un «Cristo» en potencia.

OTROS HECHOS, CREENCIAS O PRÁCTICAS

Una jerarquía de Maestros o seres superiores de siete niveles, invisibles para nosotros, han dirigido el progreso evolutivo de la tierra durante miles de años. Los Maestros se revelan a unas pocas almas seleccionadas y orientan solo a las que están preparadas para ello. Blavatsky afirmó estar en comunicación con varios de estos Maestros, al igual que la mayoría de sus sucesores.

El yoga y la meditación se emplean en el desarrollo espiritual, sucedidos por los poderes psíquicos (como el «acceso fácil» al místico «Registros Akáshicos»), los viajes astrales y otras habilidades paranormales, en dependencia del individuo. La astrología y algunas otras prácticas ocultas se consideran «ciencias verdaderas».

Un círculo interno, conocido como la «Sección Esotérica», participa en prácticas de meditación secreta para conectar a sus miembros con los Maestros. La teosofía se convirtió en la fuente de la doctrina de la «sabiduría antigua» dentro del ocultismo occidental, e inspiró a muchos otros grupos, incluida la Iglesia «Universal y Triunfante».

Escritos principales

- Las obras más importantes de Blavatsky, que incluyen:
  - *Isis sin velo* (1877)
  - *La doctrina secreta* (1888)
  - *La clave de la teosofía* (1889)
- La revista *Sunrise*

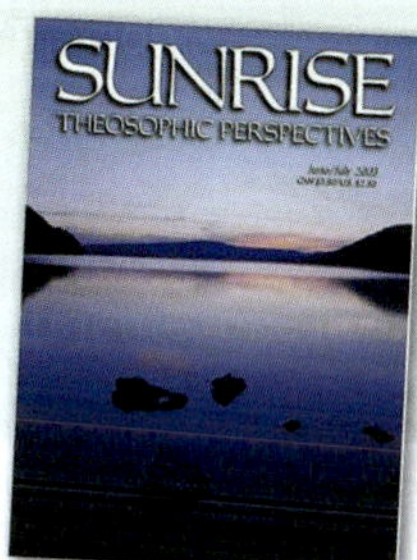

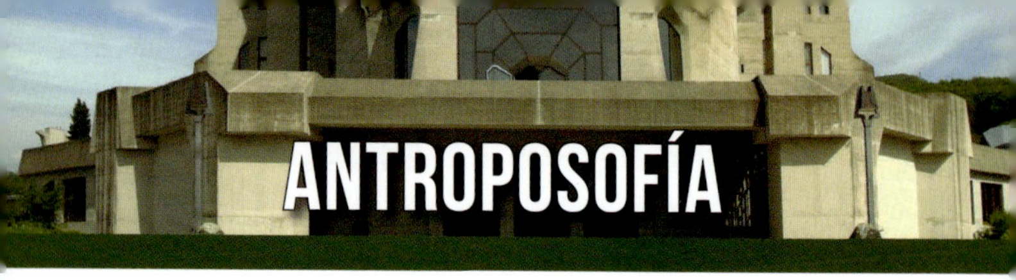

ANTROPOSOFÍA

PERSONA CLAVE/FUNDADOR, FECHA, UBICACIÓN

La Sociedad antroposófica fue fundada en Alemania en 1912 por el psíquico austriaco Rudolf Steiner (1861–1925) como un grupo disidente de la Teosofía. Sede mundial ubicada en el Goetheanum, en Dornach, Suiza.

Rudolf Steiner

CREENCIAS FUNDAMENTALES

Steiner afirmaba que recibía información directamente del reino espiritual. La antroposofía se basa en sus revelaciones personales, las cuales describen una evolución en extremo compleja de la historia de la humanidad. Comenzó como creyente en la teosofía y abrazó conceptos teosóficos como el karma y la reencarnación. La antroposofía se centra casi por completo en el hombre y presta poca atención a las preguntas tradicionales sobre Dios o nuestra relación con él.

Rechazar y redefinir el cristianismo

Aunque Steiner llamó a su sistema «cristianismo verdadero», también lo llamó «ocultismo cristiano» y redefinió del todo los términos cristianos. Steiner veía la Biblia no como una revelación «desde afuera», sino como una imagen del potencial humano. Describe a dos «Jesús» separados, que se fusionaron espiritualmente, después de lo cual una «esencia de Cristo» entró y permaneció durante tres años en Jesús. En la crucifixión, la sangre de Jesús no nos redimió del pecado, sino que fluyó hacia la tierra física. Desde allí, su poder místico energiza nuestra evolución cósmica y nos libera de los lazos del materialismo. Esto permite a la esencia de Cristo «encarnarse en masa» en toda la humanidad (que es la verdadera «segunda venida»).

Escritos principales

Todos los trabajos de Steiner se consideran autoritativos. Incluyen 6000 conferencias, cientos de ensayos y 33 libros, entre los cuales están:

- *La filosofía de la libertad* (1894)
- *El cristianismo como hecho místico* (1902)
- *La ciencia oculta, un bosquejo* (1910)

OTROS HECHOS, CREENCIAS O PRÁCTICAS

El principio central de la antroposofía es que los humanos tienen la capacidad de contactar directamente con el reino espiritual, lo que puede despertarse a través de ejercicios de concentración y meditación. La práctica de la antroposofía consiste, en lo principal, en tales ejercicios. Como todas las formas de meditación oculta, la misma puede abrir las puertas a las intrusiones del mundo invisible, lo que incluye el contacto con los espíritus y los fenómenos asociados, como la clarividencia, la adivinación y la mediumnidad.

El primer Goetheanum

Los grupos y actividades relacionados con la antroposofía incluyen el movimiento de Escuelas Waldorf orientadas por Steiner, productos personales y de atención médica de Weleda y el cultivo biodinámico (agricultura orgánica con elementos mágicos / ocultos).

NEOPAGANISMO Y WICCA

PERSONA CLAVE/FUNDADOR, FECHA, UBICACIÓN

No tiene fundadores ni organización central. Orígenes en la Gran Bretaña del siglo XIX. En parte inspirado por Margaret Murray (1863–1963) y organizado por Gerald Gardner (1884–1964) en los años 1930 a 1950.

¿QUIÉN ES DIOS?

El ser supremo se llama Diosa, a veces Señora y Señor, o diosa y dios cornudo. La diosa puede ser un símbolo, la fuerza impersonal en todo, o un ser personal. Los seguidores de la wicca pueden ser panteístas, politeístas o ambas cosas.

¿QUIÉN ES JESÚS?

O rechazan por completo a Jesús o lo consideran un maestro espiritual que enseñó el amor y la compasión.

¿QUIÉN ES EL ESPÍRITU SANTO?

El Espíritu Santo no es parte de esta creencia. Sin embargo, algunos seguidores de la wicca se refieren al Espíritu como una especie de energía divina.

CÓMO SER SALVO

Los practicantes de la wicca no creen que la humanidad sea pecadora o que necesite salvarse. Es importante que honren y trabajen por preservar la naturaleza (que identifican con la diosa).

¿QUÉ PASA DESPUÉS DE LA MUERTE?

El cuerpo reabastece la tierra, que es el deseo de la diosa. Algunos practicantes son agnósticos en cuanto a la vida después de la muerte; otros creen en la reencarnación o en un lugar maravilloso llamado Summerland.

OTROS HECHOS, CREENCIAS O PRÁCTICAS

Los *wiccanos* practican la adivinación y el lanzamiento de hechizos. Realizan la mayoría de sus rituales en círculo. Muchos son parte de un aquelarre (asamblea local), aunque otros son «solitarios». Los que son brujos se reúnen para los rituales y los días festivos: los ocho feriados principales (el equinoccio de primavera, el solsticio de verano y el Beltane, el primer domingo del mes de mayo). La wicca es una religión oculta «de la naturaleza», no es satanismo.

Escritos principales

- No cuenta con libros sagrados; muchos grupos usan *El libro de las sombras*. Gardner lo compiló y luego se distribuyó.
- Otras obras populares son:
  - *La danza en espiral,* de Starhawk (1979)
  - *La Biblia de las brujas,* Janet y Stewart Farrar (1981)

Celebración del equinoccio de otoño (Mabon) en Stonehenge

MASONERÍA

PERSONA CLAVE/FUNDADOR, FECHA, UBICACIÓN

No tiene fundadores ni organización central. La masonería es una sociedad secreta que afirma descender de los albañiles de la Europa medieval o del Templo de Salomón, pero que en realidad comenzó en Londres en 1717 como una «logia» con iniciaciones, símbolos y grados. Los masones pasan primero la Logia azul y pueden continuar con el Rito escocés o el Rito de York. En Estados Unidos, la Gran Logia de cada estado es la máxima autoridad.

ESCRITOS PRINCIPALES

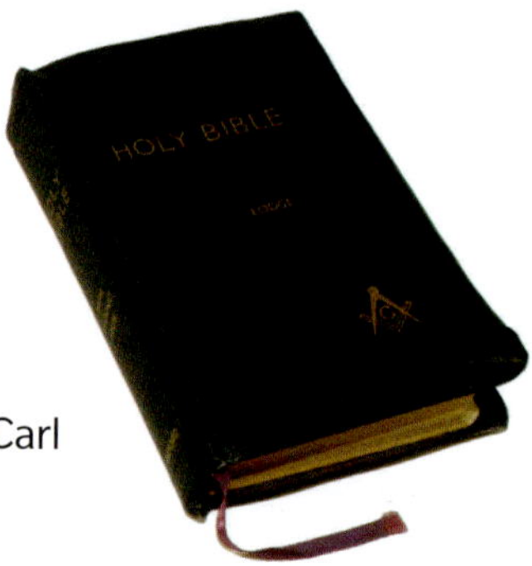

- Con frecuencia las ceremonias emplean una Biblia, pero también pueden usar otros «libros sagrados».
- Algunos escritos populares son:
  - *Los arquitectos* de Joseph Fort Newton (1914)
  - *Introducción a la masonería,* de Carl Claudy (1931)
  - *Coil's Masonic Encyclopedia* [Enciclopedia masónica de Coil] (1961)
  - *Mackey's Revised Masonic Encyclopedia* [Enciclopedia masónica revisada de Mackey] (1966)
- La Gran Logia de cada estado publica un «monitor» (descripción y comentario) de sus rituales.

CREENCIAS FUNDAMENTALES

La masonería pretende transmitir enseñanzas secretas desde tiempos antiguos. La «Edición Masónica» de la Biblia dice: «La masonería procede de los antiguos misterios». La masonería requiere creer en un Ser Supremo, y para ellos todas las religiones creen en el mismo Dios. Los masones lo llaman «El gran arquitecto del universo» y «Jahbulon» (supuestamente su «nombre secreto»).

Los masones crean lazos de lealtad y prometen, so pena de muerte sangrienta, nunca revelar sus rituales secretos a los forasteros (maldiciones que son simbólicas hoy en día). Los votos masónicos incluyen la protección de otros masones, incluso en casos de crimen.

¿Quién es Jesús?

Al citar la Biblia omiten las referencias a Jesús. Los oradores públicos no deben usar el nombre de Jesús. En muchos rituales ponen a Jesús al mismo nivel que Zoroastro, Buda o Mahoma. La salvación en la «Gran mansión celestial» se logra al vivir una vida justa, sin tener que aceptar a Cristo.

INFLUENCIAS OCULTISTAS

Los investigadores evangélicos John Ankerberg y John Weldon afirman que la Masonería es una puerta al ocultismo porque, entre otras razones, «en su simbolismo y filosofía se parece a muchas prácticas ocultas», y porque es «un sistema de misticismo que acepta el desarrollo de estados alterados de conciencia». Las lecturas masónicas recomendadas para los grados avanzados incluyen obras de autores paganos/ocultistas.

ROSACRUCISMO (AMORC)
ANTIGUA Y MÍSTICA ORDEN DE LA ROSA-CRUZ

PERSONA CLAVE/FUNDADOR, FECHA, UBICACIÓN

Johannes Valentinus Andreae

Se dice que fue fundado por Christian Rosenkreuz («cruz de rosas»), un ocultista legendario o probablemente inventado en 1614 por Johannes Valentinus Andreae (1586–1654). Europa engendró muchas logias rosacruces. El grupo más grande hoy es la Antigua y Mística Orden Rosae Crucis (AMORC), o simplemente Orden Rosacruz, fundada en 1915 por H. Spencer Lewis (1883–1939). Con sede en San José, California, AMORC posee cientos de miles de miembros en más de cien países.

ESCRITOS PRINCIPALES

- El dominio de la vida (un folleto introductorio)
- Los libros populares de Lewis que incluyen:
  - *TLa vida mística de Jesús* (1929)
  - *Las mansiones del alma* (1930)
  - *Las doctrinas secretas de Jesús* (1937)
- Rosicrucian Digest (publicado trimestralmente)
- Foro Rosacruz (solo para miembros)
- Las enseñanzas de iniciación se divulgan a los principiantes a través de «monografías» secretas que se envían por correo, conferencias, estudios dirigidos y reuniones exclusivas para miembros.

CREENCIAS FUNDAMENTALES

Para AMORC, la Biblia no es única ni confiable. La literatura de AMORC es abiertamente sin reservas hostil al cristianismo y rechaza las enseñanzas cristianas sobre Dios, Cristo, la salvación y una gran cantidad de otras doctrinas clave. Aparentemente, todos pueden usar los principios del grupo, al margen de la iglesia o la religión. Anuncian que el objetivo de la vida es el «dominio del yo». Las claves de la transformación espiritual de la persona están enterradas en diversos lugares: religiones egipcias, hinduismo, cábala, gnosticismo y cristianismo gnóstico.

Simbolismo alquímico y planetario en el diagrama Rosacruz

Los estudiantes usan técnicas mentales para actualizar sus pensamientos, que están centrados en la salud, la prosperidad, la paz y la felicidad. Creen en el karma, la reencarnación, y en una «Gran Hermandad Blanca» de maestros espirituales altamente avanzados.

Otros hechos, creencias o prácticas

AMORC brinda una mezcla de necromancia, misticismo y religión egipcia con el desarrollo de poderes psíquicos como la telepatía, la telequinesis, la radiestesia, la clarividencia, la clariaudiencia y la proyección psíquica. Los rituales ocultistas emplean espejos, incienso, velas, hierbas y parafernalia de este tipo. La orden tradicional martinista, relacionada con AMORC, estudia los símbolos místicos y la cábala.

LA IGLESIA DE SATANÁS/SATANISMO

PERSONA CLAVE/FUNDADOR, FECHA, UBICACIÓN

La primera iglesia de Satanás fue fundada por Anton Szandor LaVey (1930–1997) en San Francisco, California, en 1966. Muchos grupos satánicos se han formado en la Iglesia de Satanás.

Principales escritos

- *La Biblia satánica* (1969)
- *La bruja satánica* (1971)
- Otros escritos de LaVey

CREENCIAS FUNDAMENTALES

El satanismo rechaza por completo y con energía la doctrina y la ética bíblica cristianas. Se centra única y exclusivamente en el hombre. Ven a Dios como una fuerza de equilibrio impersonal de la naturaleza. LaVey escribe que los que creen en un Dios literal lo inventaron como una forma externa de su propio ego. Consideran a Jesús como un mito o un fracaso.

Existen «nueve declaraciones satánicas» o principios, algunos de los cuales son: el hombre debe complacerse, no abstenerse; ser amable solo con quien lo merece; y tomar venganza en lugar de poner la otra mejilla («haz a los demás lo que te hacen a ti»). Los satanistas desprecian a los que quieren hacer el bien, y les llaman «encendedores blancos».

OTROS HECHOS, CREENCIAS O PRÁCTICAS

La magia satánica se basa principalmente en el deseo, la manipulación, las imágenes y la fuerza de voluntad realizada en el ritual. Para el satanista, no existen ni «magia negra ni magia blanca»: solo hay magia. LaVey escribió: «El ritual satánico es una mezcla de elementos gnósticos, cabalísticos y masónicos que emplean palabras vibratorias de poder».

Algunos satanistas realizan una ceremonia blasfema conocida como la «misa negra». Las fiestas más importantes son el cumpleaños del propio satanista, el 30 de abril (clímax del equinoccio de primavera) y el 31 de octubre.

El lugar de Satanás en el satanismo

Algunos satanistas creen que el diablo es un ser real y personal; pero los que siguen las enseñanzas de LaVey generalmente no piensan de esta manera. Para ellos, Satanás simboliza al hombre como su propio dios y en oposición a todas las religiones. El hombre no es más que otro animal y no necesita códigos morales. Los sistemas religiosos hipócritas diseñaron la creencia en el pecado para hacerlo sentir culpable y así poder controlarlo. Aunque el individuo debe aprender de sus errores, no necesita la salvación. No hay vida más allá de la muerte. La vida se vive ahora, de manera vital y placentera.

VUDÚ

PERSONA CLAVE/FUNDADOR, FECHA, UBICACIÓN

No tiene fundadores ni organización central. El vudú (que también se deletrea vodún y vudún [del fon *vodu*, «espíritu» o «deidad»]), lo llevaron los esclavos de África occidental al Haití colonial, donde ahora es la religión dominante. Llegó por primera vez a Estados Unidos después de la revolución haitiana de 1791–1804.

PRINCIPALES ESCRITOS

Ninguno. Las creencias y prácticas de vudú se basan principalmente en las tradiciones orales y cambian de un lugar a otro.

CREENCIAS FUNDAMENTALES

El vudú haitiano es una religión animista y combina muchos elementos de los cultos africanos, las imágenes y los rituales católicos romanos, e incluso el folklor europeo. Hay dos tipos principales de vudú: Rada (cuyos practicantes consideran benigno) y Petro (cuyos practicantes consideran magia negra). El vudú reconoce a un dios creador antiguo, llamado Bondye.

Después de la muerte, una parte del espíritu del hombre va a Bondye, y la otra, a Gine, una especie de patria espiritual africana. También creen en la reencarnación.

OTROS HECHOS, CREENCIAS O PRÁCTICAS

Según ellos, los espíritus que invocan los tambores durante el ritual, «montan» (poseen) a los adoradores como a un caballo. Entonces hablan y actúan a través de ellos. Usan variados tipos de adivinación y hechicería para protección, curación, dirección, suerte y para infligir daño a los enemigos. Las ofrendas rituales, que incluyen comida, bebida y sacrificios de animales, se ofrecen para apaciguar a los espíritus. Los cementerios son importantes para algunos rituales. «New Orleans Vudú» es una expresión distinta que se practica, principalmente, en Louisiana y está relacionada con la magia popular local «Hoodoo»

Espíritus

Los seres humanos deben tratar con tres tipos principales de espíritus: los *lemistè* (los misteriosos, también conocidos como *loa* o *lwa*), los *lemó* (los muertos) y los *lemarasa* (los gemelos sagrados). Hay miles de *lwa* caprichosos, entre los más importantes se encuentran *Ezili* (asociado con Nuestra Señora del Monte Carmelo, amor y belleza) y *Dambala* (asociado con San Patricio y las serpientes).

SANTERÍA

PERSONA CLAVE/FUNDADOR, FECHA, UBICACIÓN

No tiene fundadores. La santería (del español, «camino de los santos»), también llamada Culto lucumí y Regla de Ocha, proviene principalmente de la religión del yoruba del sudoeste de Nigeria, quienes fueron llevados a Cuba como esclavos entre los siglos XVI y XIX. La santería llegó a Estados Unidos sobre todo por cubanos que huían del régimen de Fidel Castro.

ESCRITOS PRINCIPALES

Ninguno. Las creencias y prácticas de la santería se basan en esencia en las tradiciones orales y cambian de un lugar a otro. Algunas de las descripciones más autorizadas son obras en español de la autora cubana Lydia Cabrera, especialmente *El Monte* (1954).

CREENCIAS FUNDAMENTALES

La santería es una religión animista, pero tiene muchos seguidores católicos. Reconoce a un dios creador antiguo, llamado Olofi u Olodumare.

Consideran que Jesús fue «un gran hechicero». Creen que el Aché es una energía cósmica neutral. La santería enseña la reencarnación.

OTROS HECHOS, CREENCIAS O PRÁCTICAS

La santería se ha descrito como «la magia de la jungla adaptada a la vida en la ciudad». Los adivinos emplean conchas de cauri (caracoles de Eleguá), cocos y otros objetos sagrados para identificar y resolver problemas personales. La posesión de espíritus ocurre con frecuencia en los rituales en grupo, que también pueden incluir sacrificios de sangre animal (principalmente pollos y carneros) y el uso de varias hierbas y plantas. También se utilizan piedras sagradas (otanes) y varios talismanes que se cree poseen gran poder espiritual.

Espíritus

Los seguidores deben aplacar una variedad de espíritus caprichosos, que incluyen docenas de deidades menores (*orishas* u *orichás*) y espíritus de los muertos (incluidos los ancestros, esclavos, indios y gitanos). Los *orishas* están asociados con las fuerzas de la naturaleza y con los santos católicos romanos. Los *orishas* principales se conocen como las *Siete potencias africanas*, cada una de las cuales tiene su propia mitología.

¿Por qué los cristianos deben estudiar otras religiones?

El Nuevo Testamento nos ofrece dos tipos de ejemplos:

Primero, en Hechos 17, el apóstol Pablo conocía las religiones no cristianas de su época. Pablo entendía sus creencias lo suficientemente bien como para citar sus autoridades espirituales (ver los versículos 24–28), y su conocimiento ayudó a tales personas creyentes de otras religiones a entender el evangelio.

Segundo, en sus epístolas, Pablo, Pedro, Juan y Judas conocían los evangelios falsificados de su época. Con el fin de advertir e instruir a los cristianos sobre las enseñanzas de los falsos apóstoles y profetas, estos escritores del Nuevo Testamento tenían que estar familiarizados con las falsas afirmaciones.

Los seguidores de Jesús se enfrentan hoy a más grupos religiosos que nunca antes. Cuando los queramos comprender, disponemos de muy buenos modelos para ello en los motivos y el ministerio de los apóstoles.

Lo que algunos grupos enseñan sobre Jesús y la respuesta de la Biblia

LO QUE OTROS ENSEÑAN	LO QUE DICE LA BIBLIA
Jesús no era Dios.	Juan 1:1-18; 8:56-58; Colosenses 1:15-20; 1 Timoteo 3:16
Jesús fue creado por Dios.	Isaías 7:14; Mateo 1:18; Juan 10:30–38; 17:5
Hay tres dioses separados: El Padre, El Hijo y El Espíritu Santo, no un solo Dios en tres personas.	Deuteronomio 6:4; Isaías 43:10; 44:6–8; Mateo 28:18–19; Juan 10:30–38; Hebreos 1:1–14
Jesús no es necesario porque no existe el pecado.	Juan 3:14–17; Romanos 3:23–30; 6:23; 1 Juan 1:8–10
Jesús no se levantó de los muertos.	Lucas 24:36–53, Hechos 1:11; 1 Corintios 15:1–23
Jesús fue un gran profeta, pero no era Dios.	Mateo 1:18; Juan 5:17–18, 23; 10:30–38; Colosenses 2:9–10
Hay muchos caminos a Dios, no uno solo.	Juan 3:14–17; 14:6–7; 1 Timoteo 2:5–6
Jesús no es necesario porque la gente debe pagar por sus propios pecados.	Juan 17:2–3; Romanos 6:23; 10:3–10; Efesios 2:8–9
Jesús murió por los pecados, pero las personas solo se salvan si obedecen todas las enseñanzas de la iglesia.	Juan 14:6–7; Romanos 10:3–10; Efesios 2:8–9
Jesús es Dios, pero es menor que Dios el padre.	Juan 5:17–23; 14:6–7; Colosenses 2:9–10
Jesús era solo un hombre.	Isaías 7:14; Mateo 1:18; Juan 2:18–22; 10:30–38
Jesús no es el único hijo de Dios.	Juan 3:14–17; Hebreos 1:1–14
Jesús nunca regresará.	Hechos 1:11; 1 Tesalonicenses 4:13–18